JN418750

꿈과 열정의 전도자

빌 브라이트

Originally published in English under the title

Dare to be Different

published by Christian Focus Publications, Inc.,
Geanies House, Fearn, Ross-shire, IV20 1TW, Scotland, U.K.

Korean Edition

91, Sadang-ro 2ga-gil, Dongjak-ku, Seoul, Korea

꿈과 열정의 전도자

빌 브라이트

킴 트위첼 지음 | 장혜민 옮김

묵상하는 사람들

프리셉트

우리가 알거니와 하나님을 사랑하는 자
곧 그의 뜻대로 부르심을 입은 자들에게는
모든 것이 합력하여 선을 이루느니라

로마서 8:28

1. 오클라호마 성장기 8

2. 목소리를 찾다 20

3. 서부로! 30

4. 미어즈 선생님을 만나다 42

5. 소모품이 되다 54

6. 보넷 재커리 72

7. 하나님과의 계약서 88

8. 두 발로 뛰어들다 100

9. 단순하게 만들기 112

10. 하나님께서 필요를 채우시다 126

11. 큰 하나님, 큰 믿음 134

12. 모두를 위한 복음 146
13. 전 세계로! 154
14. 기도와 금식 162
15. 집으로 172

더 생각해 보기 184
기도 제안 188
빌 브라이트 연대표 189

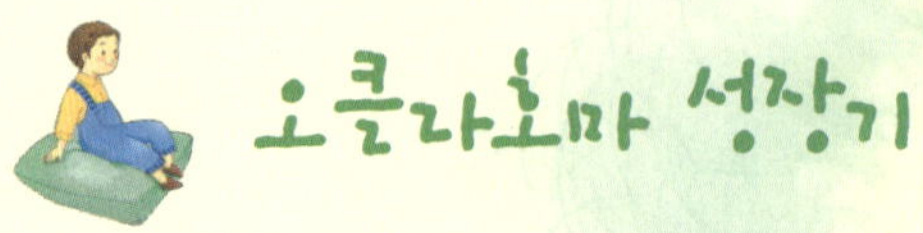

오클라호마 성장기

길게 뻗은 길 위로 아이들이 걸어가며 일으킨 흙먼지가 날렸다. 얼굴이 동그스름한 갈색 머리 소년이 맨 앞에서 걷고 있었다. 그 뒤를 따라 손에 책 한 보따리씩을 든 그의 형과 동생들이 걸어가고 있었고, 아이들의 웃음소리와 이야기 소리는 바람을 타고 퍼져 나갔다.

소년은 몸을 숙여 돌멩이 하나를 줍더니 앞으로 던졌다. 오클라호마의 햇볕은 뜨거웠고, 가벼운 바람이 들판 위로 불어와 앞길에 모래바람을 일으키고 있었다. 그때 소년은 이쪽으로 다가오는 누군가를 발견했다. 눈을 가늘게 뜨고 보더니 씩 하고 웃었다. 바로 어머니였기 때문이다.

어머니는 아이들을 향해 손을 흔들었다. 그리고는 자신을 향해 달려오는 아이들에게 "오늘 하루는 어땠어? 무엇을 배웠니?" 하며, 한 명씩 맞아 주었다.

****

빌의 가족은 오클라호마 주의 코웨타라는 작은 마을에서 8킬로미터 정도 떨어진 목장에서 살고 있었다. 집까지 걸어가는 길은 늘 이야기로 가득 찼다. 빌 브라이트Bill Bright와 그의 네 형제와 두 자매는 교실이 하나뿐인 작은 학교에서 있었던 그날의 일들을 어머니에게 말하기 시작했다.

혼자 생각에 빠진 빌은 조금 천천히 걷기 시작했다. 빌은 오래된 개구리 연못에서 오후를 보내고 싶었다. '개구리 연못'은 한여름에도 눈과 얼음으로 뒤덮인 세상이었고, 나무에 달린 고드름과 눈싸움을 하고, 언덕에서 타고 내려오는 썰매를 상상할 수 있는 곳이었다. 하지만 무엇보다도 가장 환상적인 겨울을 만드는 것은 바로 스케이트였다!

그때 갑자기 "쿵!" 하는 소리에 깜짝 놀란 빌은 개구리 연못의 상상에서 깨어났다. 형이 장

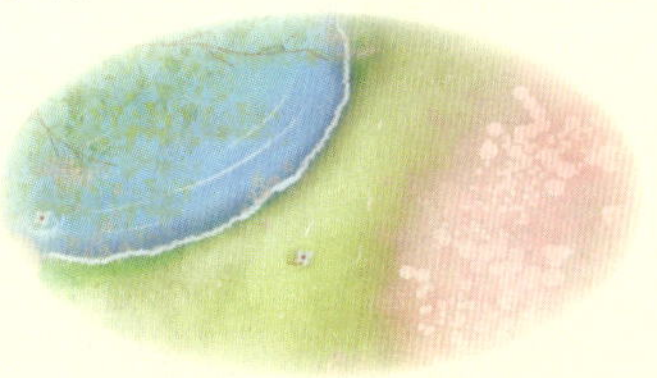

난기 가득한 얼굴로 빌의 책들을 밀쳐 버렸기 때문이다. 형은 빌을 제치고 오래된 하얀색 이층집을 향해 달려가다가 멈춰 서서 뒤돌아보고는 외쳤다.

"헛간에 꼴찌로 도착하는 사람이 집안일 다 하기!"

이 말을 듣고 모두가 신나게 달리기 시작했다. 하지만 사실 빌의 형제들은 시합을 하든지 안 하든지 각자 맡은 일을 했다.

형들보다 늦게 도착한 빌은 작업복으로 서둘러 갈아입고 헛간으로 갔다. 그리고 형들과 헛간 청소와 우유 짜는 일을 했다. 빌은 일을 마치고 나오며 '내일은 중요한 하루가 될 거야'라고 중얼거렸다. 오랫동안 계속되던 밀밭 작업이 드디어 끝나 가고 있었기 때문이다. 빌은 보랏빛과 주황빛 노을로 물든 황금 들판의 모습이 새로 깎은 건초 냄새나 봄에 새로 꽃 핀 과일나무 향기만큼이나 좋았다.

빌의 집은 시골이었기에 아이들은 추수를 도와야 했고,

600만 평이 넘는 목장 일도 도와야 했다. 내일은 나머지 보리를 수확할 예정이었다. 보통 토요일에는 울타리를 수리하거나 가축을 초원으로 내보낸 뒤 외양간을 청소하며 보냈다. 하지만 늘 이렇게 힘든 일만 있는 것은 아니었고 즐거운 일들 역시 많았다. 빌은 최근에 말을 안장 없이 타는 법을 배웠기에, 조만간 야생마를 탈 수 있을 거라 기대하고 있었다.

****

1930년대의 오클라호마는 모두에게 힘든 시기였다. 빌이 8번째 생일을 맞은 다음 날 뉴욕 월가의 주식시장이 폭락했으며, 많은 사람이 직장을 잃었다. 비록 빌의 동네는 뉴욕에서 2,700킬로미터나 떨어져 있었지만, 빌도 뭔가 변화가 있음을 느낄 수 있었다. 아버지는 그것을 '대공황'이라 불렀다. 가족들이 집을 잃었고, 일을 찾아 떠났으며, 차에서 생활하는 사람도 많았다. 빌은 아버지를 따라 시내로 나갈 때면 사람들이 무료급식소 앞에 길게 줄 서 있는 것을 볼 수 있었다.

빌의 할아버지 사무엘Samuel은 석유 사업의 선두주자로서 매우 성공한 분이었다. 많은 이들이 가진 것을 잃고 떠났지만, 빌의 집에는 여전히 먹을 음식과 입을 옷이 있었다.

빌은 어제 마주쳤던 어느 흑인 아저씨 가족을 떠올렸다. 그 아저씨는 어머니에게 시내로 가는 길을 물으며 일을 찾는 중이라고 말했다. 먼지가 자욱한 길을 걸으며 어머니는 빌에게 말했다.

"우리는 큰 특권을 누리고 있단다. 하나님께서 많은 것을 주셨어. 빌, 이 사실을 절대 잊으면 안 된다. 우리가 다른 사람들보다 나은 건 없단다. 그러니까 사람의 피부색 때문에 그들을 얕보면 안 된단다."

****

헛간에서 일을 마치고 돌아온 빌이 책을 읽는 동안, 어머니는 부엌에서 분주하게 움직였다. 빌과 형제들이 책이 쌓여 있는 거실에 편하게 누워 있는데 갓 구운 빵 냄새가 풍겨왔다. 빌은 책을 한 페이지라도 더 읽고 싶은 마음이었지만, 어머니가 가족들을 식탁으로 불렀다. 브라이트 가족이 모여서 식탁에 둘러앉았는데, 아직 한 자리가 비어 있었다.

"빌, 식사 시간이야. 아버지를 기다리시게 하면 안 된다."

저녁 식사가 끝나고 가족은 다시 한 번 거실에 모였다. 아이들은 벽난로 앞에 모여 앉아 어머니가 읽어 주는 고전에 귀 기울였다. 오늘은 『일리아스』에서 아킬레우스의 신나는 모험을 읽을 차례였다.

어머니 메리 리 롤 Mary Lee Rohl 은 아버지와 결혼하기 전에 인디애나에서 학생들을 가르치는 선생님이었다. 어머니는 빌과 형제들에게 한 번도 화를 낸 적이 없었다. 때로는 회초리를 들기도 했지만, 결코 화를 내지 않았다. 어머니는 비판적이지 않았으며, 누구에게든 친절했다. 그래서 이웃 사람들은 어디가 아프거나 도움이 필요할 때 어머니를 자주 찾아왔다. 어떤 사람들은 빌의 아버지에게 가축에 대한 조언을 들으러 오기도 했다. 그러면서 브라이트 목장은 자연스럽게 이웃들이 모이는 공동모임 장소가 됐다.

"이제 잘 시간이야."

깊은 생각에 잠겨 있다 깨어난 빌은 어머니의 뺨에 입 맞추고 위층으로 뛰어 올라갔다. 그리고 잠옷으로 갈아입으며 내일은 중요한 하루가 될 거라고 다시 한 번 생각했다.

****

아직 해 뜨기 전이었지만, 빌은 아버지가 새 장작을 들고 부엌에 들어가는 소리에 잠에서 깼다. 빌과 형제들은 급하게 양말과 작업복을 찾아 입었다. 그리고 집안일을 빨리 해치우기 위해 서둘러 부엌에 내려가 아침을 먹었다. 이렇게 서둘러야만 추수를 도울 수 있기 때문이었다. 어머니는 외양간으로 달려 나가는 아이들을 향해 윙크했다.

안개 낀 이른 아침에 한 무리의 사람들이 아버지의 마지막 추수를 위해 나와서 준비하고 있었다. 그때 신이 난 포레스트 Forrest가 빌에게 다가와 속삭였다.

"저녁 즈음에 특별한 선물이 있을지 몰라. 추수가 빨리 끝나면, 새로 들여온 야생마를 길들이기 위해 데리고 나오실지도 모르거든!"

그러자 빌의 얼굴에 웃음이 번졌다. 빌은 아버지보다 더 대단한 목장 주인은 없다고 생각했다. 아버지는 몹시 사나운 야생마나 황소도 탈 수 있을 정도로 짐승을 다루는 재주가 있었다. 빌은 종종 친구들에게 이렇게 자랑하곤 했다.

"우리 아빠가 말 울타리에 들어가면 말들이 겁먹고 부들부들 떨어!"

추수의 마지막 날은 금방 지나갔고, 아버지는 추수를 마친 새 탈곡기를 몇 주 후에 이웃 농장으로 보낼 준비를 했다. 아버지처럼 주변 사람들을 돌보고, 자신이 가진 것을 나누는 것은 빌이 어려서부터 배운 교훈이었다.

아버지는 이웃에게 기계를 보여 주고 있었다. 그때 지푸라기를 입에 물고 울타리에 쭉 매달려 있는 형제들을 보신 아버지가 머리를 오른쪽으로 까딱였다. 내려오라는 뜻이었다. 울타리에서 뛰어내리자 이번에는 아버지의 머리가 외양간 쪽으 까딱였다. 그러자 아이들이 함박웃음을 지었다. 야생마를 데리고 나올 시간이었기 때문이다!

작은 방목장으로 뛰어가는 동안 아이들이 신나서 외치는 소리가 울려 퍼졌다. 남은 오후 동안 아이들은 아버지가 야생마를 길들이는 모습을 지켜봤고, 마침내 해가 지려고 할 때가 돼서야 야생마가 무릎을 꿇었다.

빌은 흥분을 가라앉히고 외양간으로 가서 청소하기 시작했다. 그리고 자신의 말 '펫'에게 다가가 당근을 주면서 속삭였다.

"안녕, 펫. 걱정 마. 나는 저 새로운 야생마보다 네가 더 좋으니까. 내일이면 널 탈 수 있을지도 몰라."

펫을 타고 달리는 것은 빌이 가장 좋아하는 일이었다. 저녁 식사 후, 어머니가 말했다.

"내일은 교회 가는 날이니까 깨끗이 씻으렴."

들판에서 보낸 하루의 흔적을 모두 씻어낸 빌은 곧장 침대로 향했고, 야생마를 타는 꿈을 기대하며 누웠다.

****

다음 날 아침, 빌과 형제들은 가장 좋은 옷으로 갈아입고 부모님을 따라 시내로 향했다. 교회에 도착하자 아버지는 몇몇 사람들과 정치와 사업 얘기를 시작하셨다. 그때 빌은 아버지가 어머니께 '교회는 여자와 아이들을 위한 곳'이라고 말하는 것을 분명히 들었다.

늦은 오후, 집으로 돌아가는 길

에 빌은 생각에 잠겼다. '나는 과연 야생마를 길들이는 아버지처럼 용감할 수 있을까? 아니면 어머니처럼 따뜻할 수 있을까?'

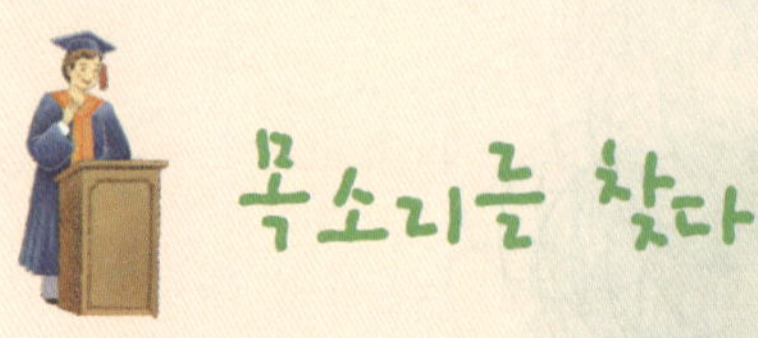

목소리를 찾다

빌은 자신을 바라보고 있는 수많은 얼굴들 앞에 서서 굉장히 떨리는 순간을 보내고 있었다. 어느새 이마에는 땀이 송골송골 맺혔고, 빌은 어머니가 주신 손수건을 꺼냈다.

얼마 전, 졸업생을 대표하는 졸업연설자로 뽑힌 빌은 신이 났었다. 연설을 준비하려고 외양간에서 몇 시간씩 보내도 힘들지 않았었다. 하지만 지금 빌은 마른침만 삼키고 있었다.

빌은 앞줄에 앉은 형들이 키득거리는 것을 무시하고 연설을 시작했다. 일단 연설을 시작하고 나니 자신감이 생겼다. 연설은 금세 끝났고, 빌은 강대상에서 내려왔다. 손수건을 꺼내 다시 이마를 닦으니 그제야 박수 소리가 들려왔다.

“빌, 연설 한번 끝내주던데!”

친구들과 그들의 부모님들, 선생님들, 심지어 형제들까지 와서 잘했다고 칭찬했다. 빌은 그 말을 마음에 새겼다. 그리고 어쩌면 고등학교에서는 또 다른 기회가 생길지도 모른다고 생각했다. 하지만 여름방학이 코앞이었기 때문에 지금은 그 생각을 할 겨를이 없었다.

****

그 여름에 빌은 키가 많이 자랐고, 그만큼 기회도 많이 생겼다. 첫 번째 기회는 야생마를 타는 거였다. 빌의 아버지는 어머니의 반대에도 빌이 야생마를 탈 수 있도록 허락하셨다.

야생마를 처음 탔던 그날 저녁, 식탁에 앉은 빌은 이마에 울긋불긋하게 든 멍 자국을 보이며 야생마를 길들인 이야기를 자랑스럽게 말했다. 여동생들은 겁에 질려 빌의 멍 자국을 계속 쳐다봤고, 형들은 빌을 자랑스러워하는 눈빛이었다.

빌의 이야기가 계속되는 동안, 부모님의 눈빛이 오갔다. 빌의 이마에 올려 줄 차가운 수건을 가지러 가는 어머니의 얼굴에는 걱정이 가득했던 반면, 아버지의 눈은 반짝였다.

****

방학이 끝나고 고등학교에 진학한 빌은 '토론 클럽'에 가입을 했다. 토론 시간은 즐거웠고, 빌은 토론에 꽤 소질이 있었다. 또 빌은 미식축구팀에 들어가 운동도 했다.

모든 것이 순탄하던 어느 토요일, 미식축구 연습 중에 빌의 인생을 송두리째 바꿔 놓는 일이 벌어졌다. 그날 미식축구 시합에서 빌은 마치 성난 황소 같은 거구의 상대편 공격수와 마주했다. 그리고 그 선수를 향해 전속력으로 돌진했다.

"꽈당! 털썩…!"

순식간에 뭔가가 잘못됐다. 빌은 상대편 선수와 강하게 부딪혔고, 그 충격이 빌의 머리에 그대로 전해지며 그만 고막이 터져 버린 것이다. 빌이 들것에 실려 나오자 관중석에서 경기를 관람하던 아버지가 급히 내려왔다. 아버지의 표정을 본 빌은 당분간 미식축구 경기를 할 수 없을 거라는 생각이 들었다.

몇 주가 지나면서 빌의 상태는 서서히 좋아졌지만, 경기에 참여할 수 없다는 사실에 마음이 아팠다. 빌은 아버지께 다시 경기할 수 있게 해 달라고 애원했지만, 아버지는 단호했다.

결국 빌은 바쁘게 활동할 다른 일들을 찾아 나섰다. 그리고 얼마 지나지 않아, 학교에서 열리는 운동경기에서 진행을 맡게 됐다. 빌은 곧 유명해지기 시작했다.

동시에 빌은 지역 공화당 의장이 된 아버지를 도와 오클라호마의 정치 행사에 진행자로 초청이 되곤 했다. 덕분에 빌은 오클라호마의 각 지역 유명인사들과 만날 수 있었고, 빌은 그들과의 만남으로 정부가 어떤 역할을 하는지 배울 수 있었다.

특히 루스벨트 대통령의 뉴딜 정책은 많은 교훈을 줬다. 뉴딜 정책이란, 대공황 이후 어려움을 겪고 있던 시민들이 자립할 수 있도록 돕는 정책이었다. 빌은 이를 통해 지역공동체의 헌신과 나눔에 점점 더 관심이 생기기 시작했다.

****

빌의 가족은 울먼 부부와 종종 식사를 하곤 했다. 울먼 아저씨는 「코웨타 타임스 스타」라는 지역 주간신문사의 소유주로 매우 활기찬 분이었다. 어느 날 식사 도중 울먼 아저씨가 빌을 바라보며 말했다.

"빌, 축구 경기와 아버지의 집회 진행을 아주 잘하더구나."

울먼 아저씨는 아버지의 동의를 구하듯 아버지를 향해 고개를 끄덕이고는 다시 빌을 바라봤다. 빌은 쑥스러워서 접시를 바라보며 작은 소리로 대답했다.

"감사합니다…."

빌은 연설은 잘했지만 수줍음이 많아 주목받는 것을 좋아하지 않았다. 울먼 아저씨는 빌이 불편해하는 것을 눈치채고 사무적인 말투로 말했다.

"그래서 말인데 빌, 우리 신문사를 위해 글을 써 보면 어떻겠니? 요즘 고등학교에서 일어나는 일들에 대해 쓰는 것으로 시작하면 될 것 같은데."

가슴이 두근거렸다. 하지만 얼마 전에 글쓰기와 씨름했던 기억이 머릿속을 스쳐 지나갔다. 빌은 얼굴을 붉히며 말했다.

"울먼 아저씨… 전 솔직히 두려워요. 편지나 글을 쓸 때면 제가 쓰고 있는 것보다 생각이 훨씬 앞서 나가거든요. 그래서 제 글쓰기는 형편없어요."

울먼 아저씨는 빌을 잠시 바라보다가 작은 목소리로 말했다.

"솔직하게 대답해 줘서 고맙구나, 빌. 그런데 바로 그런 기자야말로 우리 신문사가 찾고 있는 사람이란다. 너의 '형편없는 글쓰기'는 함께 노력해 보자꾸나. 어떤 일을 하더라도 의사소통은 매우 중요하지. 그리고 제대로 소통하는 법을 배우려면 시간이 필요하단다."

울먼 아저씨는 빌이 충분히 이해하고 받아들일 수 있도록 빌에게 시간을 줬다. 그리고 조금 지나서 "그러면 계약이 체결된 건가?" 하고 물었다.

빌의 얼굴에는 천천히 미소가 지어졌다.

"네! 울먼 아저씨, 감사합니다! 최선을 다하겠어요!"

****

빌은 학교에서의 일들을 기사화하기 시작했다. 매주 미식축구 경기가 끝나면, 빌은 밤을 새워 가며 선수들의 움직임을 세세하게 보고했다. 빌의 작문 실력은 울먼 아저씨와 다른 기자들의 관심을 받으며 나날이 발전해 갔다.

그러던 어느 날, 빌은 벅찬 가슴을 안고 집을 향해 달려갔다.

"어머니! 어머니!"

빌이 앞뜰을 가로질러 뛰어가며 외쳤다. 빌의 어머니는 비눗물이 뚝뚝 떨어지는 손으로 서둘러 현관으로 나왔다. 계단을 2개씩 뛰어 올라가면서 빌이 외쳤다.

"오늘 무슨 일이 있었는지 상상도 못 하실 거예요!"

「코웨타 타임스 스타」를 가리키며 빌이 신나서 말했다.

"보세요!"

표지 제목 아래의 글을 어머니가 소리 내어 읽었다.

"글쓴이, 빌 브라이트 Bill Bright."

어머니는 기쁨에 넘치는 얼굴로 빌을 안아 주며 말했다.

"표지 기사라니! 빌, 정말 자랑스럽구나! 아버지는 지금 울타리를 고치고 계셔. 얼른 가서 보여드리렴!"

빌은 자신의 기사를 보여드리기 위해 서둘러 계단을 뛰어 내려갔다.

****

빌이 고등학교를 마칠 무렵에는 더 많은 일을 하고 있었다. 빌은 연극동아리에도 가입했고, 2번이나 주연을 맡았다. 또 학교 신문과 졸업 앨범의 총책임자가 됐으며, 「코웨타 타임스 스타」 기자로도 계속 활동했다. 이 밖에도 빌은 아버지 목장에서 열심히 일하면서 소 떼를 직접 기르며 좋은 목장주로도 성장하고 있었다. 특히 그는 어린 고등학생이면서도 연설에 두각을 나타내고 있었다.

이렇게 바쁜 활동 중에도 빌은 가끔 조용히 앉아서 밀밭 사이로 지는 해를 바라보며 미래에 대해 생각했다.

'앞으로 목장주가 되고, 로스쿨에 들어가고, 신문사를 소유하고, 나중에는 정치를

해서 의원이 돼야지. 우선은 오클라호마 주립대학에서 경제학과 사회학을 공부해야겠지.'

빌이 드디어 고등학교를 졸업할 때가 왔다. 빌은 졸업식 때 다시 한 번 졸업 연설을 하게 됐다. 빌의 고등학교 경력의 완벽한 마침표였다. 그 다음 주에 발행된 「코웨타 타임스 스타」는 올해의 최우수생으로 뽑힌 빌의 연설이 매우 훌륭했다는 기사가 실렸다.

그러나 그때 빌은 알지 못했지만, 졸업식장 뒤쪽에 앉은 중학교 2학년 여학생이 그의 연설에 귀 기울이고 있었다. 보넷 재커리Vonette Zachary라는 이 여학생은 아버지와 함께 앉아 있었는데, 아버지 로이 재커리Roy Zachary는 동네 주유소를 소유하고 있는 존경받는 사업가였다.

잘 준비된 연설을 감명 깊게 들은 보넷은 최우수상을 수상하는 빌을 뚫어지게 쳐다봤다. 자신이 그렇게 쳐다보고 있다는 사실을 깨달은 보넷은 혹여나 아버지가 눈치챘을까 싶어 얼른 아버지의 얼굴을 살폈다. 다행히 아버지는 눈치채지 못했다. 그제야 보넷은 다시 편하게 앉아 빌을 바라보며 미소 지었다.

서부로!

이른 가을바람이 살랑였다. 빌은 여름 동안 그을리고 살이 약간 빠져 있었다. 빌은 새롭게 쓴 목록을 책더미 위에 뒀다. 바닥에는 여행용 트렁크가 열린 채였고, 옷가지와 세면도구 등 아직 정리되지 않은 짐이 침대 위에 쌓여 있었다.

빌이 쓴 목록은 바로 빌 자신에 대한 것이었다. 빌은 대학에서 이룰 목표를 써 내려가며 마지막으로 잠시 생각했다. 그 목표는 우수한 성적으로 졸업하기, 학과 대표 되기, 졸업앨범 편집자 되기, 총학생회장 되기, 그리고 고등학교 때처럼 최우수 학생으로 선발되기 등이었다.

그때 어머니가 이제 막 걷은 빨래를 안고 방으로 들어와 침대에 옷을 개어 놓았다. 빌은 어머니께 미소 지으며 감사하다고 말씀드린 후, 목록을 쓴 종이를 책 사이에 끼우려고 책상으로 다시 몸을 돌렸다. 그때 어머니가 방을 나가며 작은 한숨을 내쉬고 말했다.

"빌, 많이 보고 싶을 거야."

그런 어머니의 뒷모습에 빌은 마음이 아팠다. 빌 역시 어머니가 정말 보고 싶을 것이었다.

****

빌은 다음 날 아침 곧 입학하게 될 대학교를 향해 출발했다. 빌은 새로운 곳에 대한 기대감으로 부풀어 올랐다. 빌의 고향 코웨타에서 대학교가 있는 탈레콰까지 65킬로미터라는 먼 거리는 빌에게 많은 것을 의미했다. 빌이 남기고 가는 작은 마을에서의 생활, 익숙한 장소들, 종교적인 배경으로 인한 삶의 울타리가 점점 흩어졌다. 이제 빌에게는 새로운 시작이 놓여 있었고, 빌이 정한 삶의 목표들은

빌의 목적이 됐다. 빌은 그런 계획들로 세상을 바꿀 수 있을 거라고 생각했다.

그리고 실제로 빌은 계획했던 것들을 대학에서 그대로 실천했다. 연설과 연기와 토론을 공부했으며, 졸업앨범 편집자와 학과 대표가 됐다. 이후 총학생회 회장이 되고, 학교에서 가장 우수한 학생으로 선발되기까지 목표했던 것을 모두 성취했다.

****

"빌!"

"쾅! 쾅! 쾅!"

빌은 의자에서 일어서며 시계를 봤다. 평화로운 주일 오후에 도대체 누가 저렇게 급하게 문을 두드리는 걸까?

빌은 3학년이었고 학생들은 한창 기말고사를 준비하던 시기였다. 빌 역시 다음날 있을 시험을 위해 공부 중이었다.

"빌!"

누군가가 계속 빌의 이름을 불렀다.

"진주만이 폭격당했대! 빌, 내 말 들려? 전쟁이라고!"

빌이 문을 열자마자 친구가 급히 들어와 말을 이어 나갔다. 얘기를 듣는 빌의 머릿속은 수만 가지 질문으로 가득 찼다.

'누가 폭격한 거지? 어디를? 대체 왜?'

빌은 저녁 즈음에야 답을 찾을 수 있었다. 일본 정부가 하와이에 있는 진주만에 정박한 미국 해군함대를 기습 공격한 것이다. 이 공격으로 수천 명이 목숨을 잃었다.

바로 다음 날, 루스벨트 대통령은 전쟁을 선포했다. 빌의 가슴속은 열정으로 불타올랐다. 빌은 나라를 지키기 위해 싸워야 한다는 생각뿐이었고, 바로 입대 신청을 했다.

그러나 병역 사무소 앞에서 대학생은 신청할 수 없다는 이야기를 듣고 빌은 실망한 채 돌아갈 수밖에 없었다.

그날 저녁, 친구들과 이런 상황에서는 무엇을 할 수 있는지 토론을 한 빌은 최대한 빨리 대학을 마치기로 마음먹었다. 그리고 굳은 결심과 집중력으로 학업에 매진했다.

빌은 온통 졸업 후의 입대만을 생각했고, 시간이 지나 육군사관학교와 해군 아카데미에 지원했다. 빌은 그의 형들

그리고 학교 동기와 함께 나라를 지키기로 다짐했다.

****

"브라이트 씨, 죄송합니다."

"죄송하다니요? 그게 무슨 말이죠?"

빌의 목소리가 군의관 사무실 밖 복도까지 울렸다.

"신체검사 결과 불합격입니다, 브라이트 씨. 당신을 추천할 수 없습니다. 터진 고막이 문제일 거라 생각하지 않았나요?"

의사에 말에 화가 난 빌이 대답했다.

"고작 귀일 뿐이라고요! 나머지는 멀쩡하지 않습니까? 왜 고막이 중요합니까? 무기를 드는 데는 전혀 문제가 없어요. 전 목장에서 자랐기 때문에 방금 제 앞에 있던 사람보다 총도 더 잘 쏠 수 있다고요! 전략을 짜고, 팀을 이끌 수도 있어요! 수천 명이 죽어가고 있는데 지금 그깟 귀가 중요합니까?"

그러자 의사가 고개를 흔들며 말했다.

"무슨 말인지 이해해요. 하지만 독일군은 현재 독가스를 활용하고 있어요. 지금 당신의 귀 상태로는 바로 목숨을 잃을 겁니다. 지금은 매우 위험해요."

사무실을 나서던 빌은 8년 전 미식축구 경기가 있던 날을 다시 떠올렸다. 그때 그 부상은 미식축구뿐만 아니라 지금 빌이 1년 동안 꿈꿔왔던 목표를 산산조각낸 것이었다.

"아, 내가 지금 그 공격수 녀석을 잡을 수만 있다면!"

빌은 주먹을 꽉 쥐었다.

빌은 집에 도착해 빨리 다른 방법을 찾아보기로 마음먹었다. 이번 일은 작은 걸림돌일 뿐이라 생각하며 입대하기 위한 계획을 짜기 시작했다.

"이번 결정에 항소할 수 있을 거야. 그게 안 되면 징병위원회에 있는 친구에게 말해 봐야지. 날 도와줄 수 있을 거야. 그것도 안 된다면 오클라호마에서 다시 시험을 치는 거야!"

하지만 빌의 끈질긴 노력에도 돌아온 대답은 모두 한결같이 거절이었다. 낙심한 채 대학을 졸업한 빌은 고향으로 돌아올 수밖에 없었다.

실패하는 것에 익숙하지 않았던 빌은 고향에 돌아와서도 입대하기 위해 노력했다. 공군과 해병대도 지원했으며 심지어 해안경비대도 지원했다. 하지만 돌아오는 답은 모두 같았다.

****

어느 날, 빌이 마을로 향하는데 모여서 환호성을 지르는 사람들을 보게 됐다. 지나가는 사람에게 무슨 일이냐고 물었다.

"코웨타 출신이 한 명 돌아왔다네."

그는 자랑스러운 표정과 함께 신문기사를 빌에게 보여 줬다. 그리고는 돌아서면서 어깨너머로 외쳤다.

"기록이 대단해! 31번의 폭격 임무와 상이군인 훈장까지!"

빌은 그 군인과 관련된 기사 내용을 훑어봤다. 쿵쾅거리며 빠르게 뛰는 빌의 가슴에 왠지 낯선 아픔이 느껴졌다.

'이 느낌은 뭐지? 분노?'

하지만 빌은 아니라는 것을 알았다. 그것은 분노의 탈을 쓴 시기였다. 자신은 지원조차 할 수 없던 전쟁에서 사람들이 돌아오고 있었고, 그것은 빌에게 너무 불공평하게 느껴졌다.

빌은 차를 돌려 집으로 돌아왔다. 군 입대를 거절당했다는 사실이 몹시 힘들었다. 그의 평생에 처음으로 이룰 수 없던 목표였기에 어떻게든 입대해야겠다고 다짐했다. 결국 빌은 부모님께 인사를 드리고 미국 서남 지역인 캘리포니아로 향했다.

****

캘리포니아 주 로스앤젤레스에서의 첫날 밤, 방에 앉은 빌은 깊은 생각에 잠겨 있었다. 빌의 나이는 이제 23살이었다.

침대 위의 가방은 반쯤 정리된 채 열려 있었고, 깨끗한 셔츠 사이로 새로 산 성경책이 보였다. 어머니가 슬쩍 넣어두신 것이었지만, 빌은 읽을 생각이 없었다. 어머니의 믿음을 늘 옆에서 봐 왔지만, 그것이 빌의 믿음은 아니었다.

빌의 어머니는 16살이 되던 해, 당시에 다니고 있던 감리교회에서 예수님을 믿기 시작했고, 그 믿음은 평생 그녀와 함께했다. 빌은 온 가족이 집안일을 시작하기 위해 기상하던 새벽

4시에 어머니가 침대 곁에서 기도하는 모습을 자주 보곤 했다. 어머니는 빌을 임신했을 때 죽을 고비를 겪은 적이 있다. 그 전에 이미 한 번 아이를 잃은 적이 있었기에, 의사는 어머니의 생명이 위험하며 빌도 살 가능성이 적다고 말했다.

어머니는 빌에게 이 이야기를 해 줄 때면, 그때 자신과 빌을 위해 간절히 기도했다고 말하곤 했다. 하지만 한 가지 말하지 않은 것이 있었는데, 그것은 바로 빌이 예수님을 알게 해 달라고 지금까지 기도하고 있다는 사실이었다.

빌은 이러한 어머니의 믿음에도 불구하고 아버지의 종교 성향을 따랐다. 기독교가 자신에게 해 줄 수 있는 것이 없다는 생각이 분명했고, 자신은 이미 충분히 행복하다고 생각했기 때문이다.

****

로스앤젤레스에 도착해 극장으로 향하던 빌은 길에서 차를 얻어 타려고 서 있는 여행자를 보게 됐다. 오클라호마에서 서로 돕고 베푸는 일이 몸에 배어 있던 빌은 그를 지나치지 못하고 차에 태웠다.

빌은 그 청년과 대화하며 그가 네비게이토라는 기독교청년회 소속이라는 것과 네비게이토의 창시자인 도슨 트로트만 Dawson Trotman 과 함께 살고 있다는 사실을 알게 됐다. 차에서 내리기 전에 그 청년은 빌을 저녁 식사에 초대했고, 그곳이 처음이어서 아는 사람도 없었던 빌은 그 초대에 기꺼이 응했다.

빌은 트로트만 씨 가족의 환영을 받았을 뿐만 아니라, 저녁 후에는 생일파티에도 초대를 받았다.

빌이 지금까지 알고 지낸 기독교인들과 다르게 트로트만 가족은 매우 지적이고 매너 있는 사람들이었다. 빌은 그런 그들의 환영에 감사하며 그 생일파티에 흔쾌히 가겠다고 했다.

로스앤젤레스에서의 첫날이 이렇게 지나갔다. 빌은 오늘 있었던 일을 계속해서 생각해 봤다. 그중 가장 놀라웠던 것은 자신이 기독교인들과 하루를 보냈다는 사실이었다.

****

로스앤젤레스에 도착한 지 얼마 되지 않아 빌은 그 지역의 병역 사무소를 찾아갔다. 하지만 또다시 신체검사에서 떨어졌고, 이렇게 빌에게 입대라는 문은 완전히 닫혀 버렸다.

빌은 이제 입대를 단념하고 일상으로 돌아와야 한다는 것을 깨달았다. 처음에는 선박회사에서 일을 했지만, 점점 사업에

발을 들이게 됐다. 빌은 회사 이름을 '미식가들의 즐거움'으로 정하고, 사탕과 과자류를 바로 개발했다. 이후에는 '캘리포니아 과자점'과 '브랜디 식품'이라는 매장까지 운영했다.

해뜨기 전에 일어나 출근하고, 해가 지고 난 후에야 퇴근하던 빌의 노력이 성과를 보이기 시작했다. 대기업들이 그의 특산물을 판매하기 시작했고, 유명 체인점들이 그의 제품을 판매했다. 빌의 사업은 번창했고, 그의 멘토가 되어 줄 사람들 또한 늘고 있었다.

빌은 정말 행복했다. 그에게는 좋은 옷과 차를 살 수 있는 돈이 충분했다. 흥미로운 사람들도 만나게 됐고, 거래처도 점점 늘고 있었다. 연극과 라디오, 승마와 같은 열정적인 취미 활동도 즐기기 시작했다.

****

승마화를 신은 채로 계단을 오르던 빌을 누군가 부르고 있었다. 주인집 노부부였다. 그들은 빌이 처음 왔을 때부터 그에게 관심을 가졌고, 매주 자신들과 함께 할리우드 제일장로교회에 참석하자고 권했다. 그들은 빌이 그 교회의 루이스 에반스 Louis Evans 담임 목사님을 매우 좋아할 거라고 생각했다.

그분들이 옷을 갖춰 입은 것을 보니 저녁예배에 참석하려고 나서는 모양이었다.

"오, 빌. 지금 마주쳐서 얼마나 다행인지! 20분 후에 예배가 시작하는데 우리와 함께 간다면 정말 좋겠네."

빌은 그 제의에 감사하지만 지금은 목욕부터 해야겠다고 대답하며 거절했다. 노부부는 웃으며 괜찮다고 말하며 문을 나섰다. 그런데 갑자기 빌은 사라지는 그들의 모습을 보면서 그 교회가 어떤 곳인지 궁금하기 시작했다.

빌은 살짝 구경만 하고 올 생각으로 마구간 냄새를 풍긴 채 교회 맨 뒷줄에 앉았다. 그리고 마지막 찬송가를 부를 때 급하게 나왔다. 그는 교회가 역시나 그저 그렇다고 생각했다.

하지만 이를 본 노부부는 생각이 달랐다. 그들은 '대학 및 진로모임'을 이끌고 있는 헨리에타 미어즈 Henrietta Mears 선생님에게 빌에 대해서 말하고 그를 부탁했다.

그 다음 주, 빌은 교회 청년회로부터 연락을 받았다. 파티에 초청하는 연락이었다. 마침내 빌의 인생을 완전히 바꿔 놓을 시간이 다가오고 있었다.

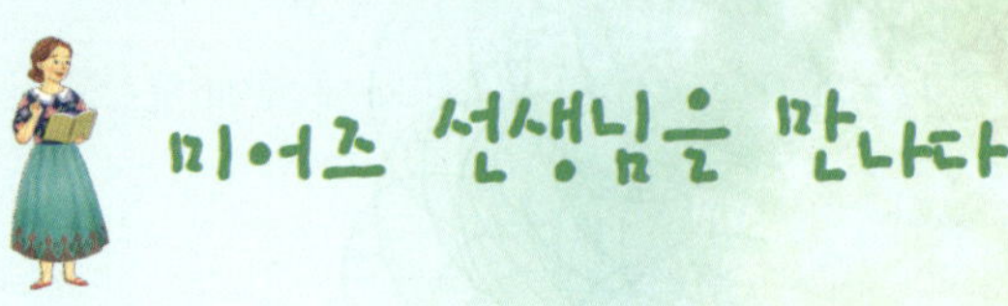

미어즈 선생님을 만나다

헛간에서 깜박이는 불빛이 새어 나왔다. 빌이 길을 건너 파티 장소로 향하는 동안 음악 소리가 흘러나왔고 수백 명은 모인 듯한 웅성거림이 들렸다.

'사람이 300명은 되겠는걸!'

헛간 입구로 향하며 빌은 생각했다.

경사로를 지나 활짝 열린 문 앞에서 빌은 놀라서 멈춰 섰다. 빌 또래의 멋진 대학생 수백 명이 모여 있었다. 즐거운 대화가 오갔고, 빌은 웃음소리와 외침에 둘러싸였다. 순간적으로 입이 쩍 벌어진 빌은 얼른 입을 다물고 그곳에 모인 사람들을 구경하기 시작했다.

빌에게 '교회'란 곳은 그의 어머니 같은 부인들과 아이들을 위한 장소이며, '종교를 가진 성인남자'라고 하면 아버지를 생각나게 했다. 그렇기에 그의 눈앞에 펼쳐진 광경은 빌에게 매우 흥미로웠다. 이런 젊은이들이 다니는 교회는 재미있어 보였다.

구경하고 있는 빌에게 청년 몇 명이 다가왔다. 그들은 빌에게 매우 친절하게 자기소개를 하더니 빌을 대화 속으로 끌어들였다. 사람들이 곁을 지나가거나 다가오면 그들은 빌을 더 많은 사람에게 소개했다.

대화가 오갈수록 빌은 그들과 공통점이 많다는 사실을 깨닫게 됐다. 그들 역시 목표가 있었고 야망이 있었다. 그들은 자신이 무엇을 이루고 싶은지 알고 있었고, 총명하고 배려심이 많았으며 재치가 있었다.

파티가 끝나기 전에 빌은 교회에서 있을 '대학과 진로모임'과 '젊은 사업가모임'에 초대받았다. 빌은 차에 올라타면서 '한번 가 볼까?' 하고 생각했다.

이후 빌은 초대받은 모임에 참석하기 시작했고, 이 모임은 또 다른 모임으로 이어졌다. 어느새 빌은 미어즈 선생님이 진행하는 '대학과 진로 모임'에 꾸준히 참여하고 있었다. 하나님께서 사람들의 삶 속에서 하신 일들을 듣고 있자니 푹 빠질 수밖에 없었다.

****

미어즈 선생님은 미네소타 출신이었다. 고등학교 화학교사였던 그녀는 여가시간에 젊은 새내기 여성들의 주일학교 반을 맡아 가르치기 시작했다. 그 해가 끝날 무렵, 반에는 250명가량의 고등학교 또래 여성들이 공부하고 있었고, 10년 뒤에는 3,000명이 넘는 인원이 함께하고 있었다.

그러던 어느 날, 그녀는 기도하던 중에 하나님께서 화학을 공부하는 학생들이 아닌 젊은 기독교인 리더들에 집중하기 원하신다는 것을 깨닫게 됐다. 그리고 그들이 예수님의 복음을 가지고 전 세계로 뻗어 나갈 수 있도록 가르쳐야 한다고 깨달았다. 이런 깨달음이 있고 얼마 후, 그녀는 캘리포니아에 있는 할리우드 제일장로교회 목사님으로부터 전화를 받았다. 목사님은 그녀의 '여가활동'에 대해서 들었다며 기독교 교육부서를 맡아 줄 수 있는지 물었고, 그녀는 즉시 짐을 꾸렸다.

****

오늘도 그녀의 목소리가 방에서 울려 퍼지고 있었다. 그녀는 성경 중에서 가장 좋아하는 로마서를 가르치고 있었다.

"사도 바울은 우리의 행위로 의롭게 될 수 없으며 오직 그리스도를 믿음으로써 의롭게 된다고 말하고 있습니다. 여러분은 혹시 그동안 하나님의 은혜를 얻으려고 어떤 노력을 했나요? 우리가 의롭게 되는 방법은 오직 예수 그리스도를 믿는 것입니다."

그녀는 방을 둘러보며 학생들과 눈을 마주쳤다. 그리고는 젊은이들에게 예수 그리스도의 복음에 대해 다시 생각해 보기를 도전했다.

이후 빌은 예배에도 참석하기 시작했는데, 에반스 목사님이 가르치는 내용은 빌에게 지적으로 매우 좋은 자극제가 됐다.

빌은 연설에 대해 훈련을 받았기에 좋은 연설가를 알아볼 수 있었다. 집주인 부부가 에반스 목사님에 대해 말했던 것 이상이었다. 에반스 목사님은 빌이 평생에 들어 보지 못한 방식으로 정말 유창하고 설득력 있게 예수님의 그림을 그려 줬다. 그래도 여전히 빌은 뒷줄에 앉아 있었고, 그 때까지는 참여하는 것보다 구경하는 데 더 관심이 있었다.

****

한번은 수영파티에서 엘웨인 스테인캄프Elwain Steinkamp라는 사람을 처음 만나게 됐다. 그는 미어즈 선생님 반 학생들을 모두 초대해서 자신의 수영장을 사용하게 해 줬다.

빌은 그가 교회 장로였을 뿐만 아니라 유명한 사업가라는 것을 알게 됐다. 인연이 맺어지면서 스테인캄프 가족은 빌을 자주 집으로 초대했다. 빌의 주된 관심사는 스테인캄프 씨가 할리우드의 상류층 지역을 성공적으로 개발한 것이었다. 하지만 스테인캄프 씨는 그의 경험을 이야기하면서 성경에서의 생각들을 함께 말했다.

하루는 빌에게 이렇게 말했다.

"물질적인 성공에서 행복을 얻을 수는 없습니다. 이 동네에서 가장 비참한 사람들 중 몇은 가장 부자인 사람들입니다. 예수님만이 진정한 행복을 찾는 비결입니다."

빌은 그날 머리를 긁적이며 집으로 돌아갔다. 그의 태도가 이해되지 않았다. 그가 말한 모든 것은 빌이 자라면서 알게 된 것과 반대였다. 아버지였다면 그의 말에 코웃음 쳤을 것이다. 게다가 빌이 현재 경험하고 있는 것과도 반대되는 것이 분명했다. 빌은 '돈은 나를 매우 행복하게 해 주고 있어'라며 웅얼거렸다. 하지만 그의 말은 여전히 빌을 혼란스럽게 했다.

빌은 자신이 원하던 모든 것을 이미 가진 스테인캄프 씨가 매우 존경스러웠다. 하지만 그를 만날 때마다 그가 돈이나 성공보다 예수님을 더 중요하게 여긴다는 것을 느꼈다. 빌은 자신의 어머니도 스테인캄프 씨와 같은 방법으로 표현하신 것을 본 적이 없었다. 빌은 기독교인 사업가들을 만날수록 그들에게는 돈이나 성공보다 예수님이 더 중요하다는 것을 느꼈다.

****

어느 날 밤, 빌은 침대에 앉아 옷장을 바라보고 있었다. 그 안에는 어머니가 짐 가방에 넣어 두었던 성경책이 있었다. 빌은 한숨을 쉬었다. 더 많은 예배에 참석할수록, 그리고 더 많은 성경공부에 참여할수록 자신이 모르는 것이 너무 많다는 사실에 마음이 불편했다. 사람들과 대화를 더 나누기 위해서라도 이제는 성경공부를 해야겠다고 생각했다.

성경책은 깨끗했다. 빌은 성경책을 쳐다보며 곰곰이 생각했다. 그리고는 예수님을 공부하는 것으로 시작하는 것이 좋겠다고 결정했다.

하루하루 공부하던 것이 어느덧 몇 달이 지났다. 예수님의 일생에 대한 이야기를 읽어 내려가면서 누구도 예수님처럼 살았던 사람은 없다고 생각했다.

그리고 또 한 가지 깨닫게 된 것이 있었다. 빌은 자신을 좋은 사람이라고 생각하고 있었다. 그런데 기독교인들과 자신이 어떤 점이 다른지 깨닫기 시작한 것이다. 그것은 바로 그들의 삶에는 예수님이 계신다는 것이었다.

****

1945년 어느 봄날, 미어즈 선생님은 수요일 저녁반을 가르치고 있었다. 사도행전 9장에서 다메섹으로 향하는 사도 바울과 예수님의 극적인 만남에 대해 공부하고 있었다. 미어즈 선생님은 바울이 하늘로부터 내려오는 빛으로 인해 앞을 보지 못하게 된 부분을 설명하다가 잠시 끊고, 학생들에게 계속 읽을 것을 지시하며 이렇게 말했다.

“자, 바울이 무엇을 질문하는지 한 번 보세요. 그가 묻기를, ‘주여, 누구시니이까? 내가 무엇을 하게 되리이까?’라고 묻습니다.”

강대상 옆으로 다니며 미어즈 선생님은 학생들을 바라봤다. 그녀의 두 눈은 빛나고 있었다.

“이것은 인생에서 던질 수 있는 가장 중요한 질문들입니다. 세상에서 가장 불쌍한 사람은 하나님께서 원하시는 것을 하지 않는 사람입니다. 그와 반대로 이 세상에서 가장 행복한 사람은 하나님께서 원하시는 것을 정확히 하고 있는 사람입니다.”

그리고 방금 읽은 구절을 가리키며 계속 말했다.

“바울은 기독교인들을 박해함으로써 하나님께서 원하시는 일을 하고 있다고 생각했습니다. 하지만 사실 바울은 자기 자신의 목표와 야망을 좇고 있었던 것입니다. 그래서 하나님은 그를 바로 잡으셨습니다. 여기 우리가 볼 수 있듯이 그는 길 위에서, 그리스도로부터 오는 빛으로 인해

눈이 멀게 된 것을 볼 수 있습니다.”

‘또 나왔군’ 하고 빌은 생각했다. 갑자기 불편해졌다. 스테인캄프 씨가 인생의 행복과 최종 목표에 대해서 말했던 것과 같은 내용이었다.

사실 빌은 군대 때문에 우울했던 것 빼고는 꽤 행복한 사람이었다. 하지만 스테인캄프 씨와 미어즈 선생님 모두 상황에 영향받지 않는 행복에 대해 말하고 있었다. 그 행복은 그들을 안정되게 잡아 주고 있었고, 그들의 삶을 인도하고 있었다.

****

미어즈 선생님은 성경을 덮었다. 그리고는 학생들에게 말했다.

“오늘은 숙제를 줄 거예요. 우리에게 바울과 같은 경험은 없지만, 그가 하는 질문은 매우 중요해요. 그 질문을 스스로 해보세요. ‘주님은 누구십니까? 제가 무슨 일을 하기 원하십니까?’ 바울의 답변이 중요했듯이 여러분의 답변도 중요해요.”

강대상 뒤쪽으로 물러나며 미어즈 선생님은 다시 학생들의 얼굴을 둘러봤다. 그리고 손가락을 하나씩 들면서 말했다.

"여러분이 이 3단계 계획을 따라 했으면 좋겠어요.
첫 번째, 집으로 돌아가세요.
두 번째, 무릎을 꿇으세요.
세 번째, 이 2가지 질문을 하나님께 하세요."

미어즈 선생님의 도전에 사로잡힌 빌은 교실을 떠나 집으로 가면서 뭔가가 그의 마음을 사로잡고 있다는 것을 깨달았다. 집에 가면서 빌은 자신의 삶을 하나님께 드릴 준비가 됐다는 것을 알았다. 지난 몇 달간의 시간이 지금 이 순간을 위한 것만 같았다. 예수님의 생애에 대한 공부, 미어즈 선생님의 수업, 기독교인 사업가들과의 관계, 도전의식을 심어 주었던 스테인캄프 씨와의 대화 등 이 모든 것을 통해 빌은 자신을 향한 하나님의 사랑을 느낄 수 있었다. 빌은 가슴이 벅차올랐다.

****

빌은 침대 옆에 무릎을 꿇었다. 눈을 감고 미어즈 선생님이 말씀하신 2가지 질문을 그대로 따라 했다.

"주님은 누구십니까? 제가 무슨 일을 하기 원하십니까?"

빌은 자신이 지금 바로 자신의 죄 때문에 십자가에서 돌아가신 하나님의 아들 예수님께 기도하고 있다는 것을 알았다. 또한 예수님을 삶의 구주와 주인으로 영접하면 그렇게 된다는 것도 알았다. 지금이 바로 그 순간이었다.

빌이 다시 눈을 떴을 때, 뭔가 극적인 변화는 없었다. 예수님께 굴복하는 기도를 드리기 전이나 후가 똑같이 느껴졌기 때문이다. 하지만 그 이후로 빌의 삶은 믿음 속에서 성장하기 시작했다. 분명히 극적인 변화가 있었다. 빌은 영적인 죽음에서 생명으로 옮겨졌기 때문이다.

그 이후 빌은 새롭게 깨닫고 인식하게 된 하나님의 사랑 속에서 성장하기 시작했다. 그리고 하나님을 향한 그의 사랑도 커져 갔다. 그의 행동이 하나하나 바뀌기 시작했으며, 행복이 이전과는 다르게 느껴졌다. 무엇보다도 자신이 얼마나 죄인인지, 그리고 구세주 예수님의 용서가 얼마나 큰지 더욱더 깨달아지기 시작했다.

소모품이 되다

"밖으로 나가세요. 예수님에 대해 전하세요. 성경을 가르치는 법을 배우세요. 독거노인을 방문하거나 굶주리는 이웃에게 음식을 대접하는 봉사에 참여하세요. 그리고 수업을 진행할 때, 학생들에게 교회에 정기적으로 출석하는 것이 얼마나 중요한지에 대해서 꼭 말해 주세요. 하나님을 예배하는 것이 무엇인지 배울 수 있도록 도와주세요. 기도의 중요성에 대해서 가르쳐 주세요. 해외로 가서 예수님을 전하는 것에 대해 생각해 보라고 하세요. 우리가 가진 돈의 일부를 교회에 내는 것이 왜 중요한지 생각해 보도록 권유하세요."

선생님은 학생들이 알아야 한다고 생각하는 중요한 모든 것을 알려 줬다. 그녀는 학생들이 세상을 변화시키기를 기대했다.

****

빌은 교회에서 배운 내용을 다시 생각해 봤다. 하나님은 완벽하고 완전하시다. 하나님을 본다는 것은 영화세트장에서 찬란하게 빛나는 스포트라이트를 바라보는 것 같았다. 그와 반대로 빌의 마음은 시커먼 죄로 가득했다. 하나님의 조명이 그의 마음을 비출 때는 어둠이 더욱 짙어졌다. 하지만 우리와 하나님의 빛 사이에 예수님이 서 주셨고, 그로 인해 빌 역시 하나님과 관계 맺을 수 있게 됐다.

빌은 고개를 저으며 '정말 놀랍군' 하고 생각했다. 그리고 이제 자신이 해야 할 일이 있다는 것도 깨달았다. 그에게는 더욱 예수님같이 살아야 할 책임이 있었다.

물론 예수님은 완벽하셨고 빌은 그렇지 않았다. 그는 여전히 죄를 지을 것이고, 하나님은 그것을 보실 것이다. 그렇지만 성경은 죄를 지었을 때 자신의 잘못을 하나님께 고백하라고 가르친다. 그러면 하나님께서 용서해 주신다고 약속하셨다.

빌은 또한 예수님께서 돕는 분을 보내 주셨다는 것을 배웠다. 그분은 바로 성령님이셨다. 성령님의 도우심으로 빌은 예수님을 닮아 가는 삶을 살 수 있다는 사실을 알게 됐다.

이것은 매우 단순한 내용이었다. 먼저, 하나님께 자신의 잘못된 생각과 행동을 고백한다. 그리고 예수님처럼 살 수 있도록 성령님의 도우심을 구하는 것이다.

'이건 정말 단순한 내용이야. 하지만 모든 것을 바꾸지. 특히 내가 살아가는 방법을 말이야.'

****

이런 생각들로 빌은 도전의식이 생겼다. 미어즈 선생님은 빌과 자주 만나 성경을 가르쳤고 수업을 계획하며 기도하셨다. 그녀에게서는 하나님을 향한 진실한 믿음이 느껴졌다. 미어즈 선생님은 학생들에게 하나님을 믿으라는 말만 하지 않고, 학생들이 어떻게 행동해야 하는지를 실제로 보여 줬다. 이를 통해 학생들은 하나님이 책임지신다는 것을 굳건히 믿고, 자신의 걱정들을 모두 하나님께 맡길 수 있었다.

빌은 미어즈 선생님을 모델로 삼고 싶었다. 그는 기도했고, 이웃을 사귀며 그들에게 예수님을 알렸다. 예수님의 이야기를 들은 이웃들은 기도하며 예수님께 용서를 구했고, 그들의 삶은 변화되기 시작했다. 그럴수록 빌은 성경을 더욱 알아가면서 가르치게 됐다.

****

어느 화창한 봄날, 빌은 신문에서 제2차 세계대전이 끝났다는 내용을 읽고는 참 아이러니하다고 생각했다. 빌은 군대에서 간절히 사용하고 싶었던 자신의 모든 재능을 이미 사용하고 있었기 때문이다. 빌은 모임을 만들고, 전략을 짜고, 가르치고, 토론하고, 연설하고, 글을 쓰는 일을 하며 모임을 이끌고 있었다.

'미어즈 선생님이 말씀하신 하나님의 뜻 가운데 있다는 것이 이런 상황을 말한 것이었을까?'

빌은 얼마 지나지 않아 제일장로교회의 대학 및 직장인 주일학교 회장이 됐고, 어느 때보다 더 자신이 살아 있음을 느꼈다. 또한 미어즈 선생님의 비전이 그를 사로잡았다. 그녀는 이 학생들이 전 세계에 예수님을 전할 것이라는 확신이 있었다.

"작은 계획들 속에는 물론 마법이 있지 않아요. 저는 사역을 생각할 때 세계를 생각해요. 그리고 예수님은 사역 이상으로 중요한 분이시고, 제 삶을 향한 그분의 뜻 역시 중요해요."

빌이 학급에서 더 많은 책임을 맡게 되면서, 그 역시 하나님을 위해 꿈꾸기 시작했다. 하루는 예수님에 대해 어떤 사람과 얘기를 나눈 후, 예수님의 삶을 어떻게 전하면 좋을지에 대해 고민하기 시작했다. 그러자 갑자기 '그 이야기를 영화로 담아내면 어떨까?'라는 생각이 떠올랐다.

당시에 영화란 매체는 아직 새로운 개념이었기 때문에, 그가 알고 있는 예수님에 대한 영화는 단 한 편뿐이었다. 그것은 1927년 세실 B. 데밀 Cecil B. DeMille 이 만든 「왕중왕」이었다.

빌은 영화를 만들기로 결심했다. 그래서 먼저 그 일을 위해 기도하기 시작했다. 그리고 이제 세실을 만나야 했다. 세실이 기독교인이라는 사실을 알게 된 빌은 조언을 얻기 위해 그에게 연락했다.

그들이 만났을 때 세실은 빌에게 말했다.

“가능하다면 기독교 영화를 만들고 싶습니다. 하지만 재정이 부족해요.”

빌은 그를 만나고 돌아오며 계산해 보니, 그 아이디어가 영화로 현실화되기까지는 30년이나 걸릴 상황이었다.

빌은 이런 새로운 아이디어가 꾸준히 생각났지만, 말씀에 대한 목마름도 계속됐다. 성경을 읽는 데 많은 시간을 보낼수록 더 많은 질문이 생겼다. 그는 하나님을 더 알기를 갈망했고 그분을 더 깊이 이해하고 싶었다. 빌은 제일장로교회에서 존경하던 분들께 조언을 구했고, 뉴저지에 있는 프린스턴 신학교가 성경을 배우기에 좋은 곳이라는 사실을 알게 됐다.

빌은 집으로 차를 몰면서 생각했다.

‘미국을 또 가로질러 가겠군… 그러면 사업은 어쩌지? 회사를 관리해 줄 만한 사람이 누가 있을까?’

빌은 최근에 그의 사업에 투자한 사업가가 떠올랐다. 그의 아들이 직장을 구하고 있다는 것도 생각났다.

'어쩌면 그분의 아들을 고용해서 관리하도록 할 수 있지 않을까? 그러면 나는 학업에 집중할 수 있고 사업도 계속할 수 있을 테니까!'

빌은 곧 새로운 관리자와 악수했고, 다음 학기 등록을 위해 프린스턴 신학교에 입학 원서를 냈다. 그는 머지않아 다가올 미래에 대한 기대로 한껏 부풀어 올라 있었다.

****

"예수님 이름으로 기도합니다. 아멘."

한국인 신학생이 기도를 끝내자 침묵이 이어졌다. 방에는 한국, 아프리카, 영국 그리고 미국 등 세계 각지에서 모인 9명의 남학생이 앉아 있었다. 이들은 수업이 시작하기 전에 이른 아침부터 모여서 기도했다.

빌은 아직 잠들어 있는 프린스턴 캠퍼스를 가로지르며 아름다운 예배당을 바라봤다. 대성당같이 높은 천장이 있는 이 석조건물은 하나님의 거룩하심을 생각나게 했다. 이곳에서의 시간은 정말 쏜살같이 지나갔기 때문에 빌은 뭔가 더 경험하기를 간절히 원했다. 그래서 하루에 2번씩 학생들과 모여서 기도했다. 들을 수 있는 최대한으로 수업을 듣고 있었지만, 하루에 한두 번은 꼭 모임에 나갔다.

주말에는 제일장로교회에서 배운 대로 생활했다. 여전히 새로운 사람들을 만나러 나갔고, 그들에게 예수님을 전했다.

****

어느 날 저녁, 빌은 제임스 스튜어트 James Stewart 목사님의 책을 읽고 있었다. 그분은 열정적인 작가이자 신학자였다.

"우리가 만일 예수님께 헌신하는 것이 지루하고 따분하고 단조로운 일이 아니라, 오히려 인간의 영혼이 알 수 있는 가장 흥분되고 신나는 모험이라는 것을 세상에 보여 줄 수 있다면, 교회 밖에 서서 그리스도를 의심스럽게 바라보는 사람들이 벌떼같이 몰려들어 예수님께 충성을 다하려고 할 것이고, 우리는 오순절 이후로 최고의 부흥을 기대할 수 있을 것이다."

빌은 심장박동이 빨라지며 책을 무릎에 떨어뜨렸다. '바로 이거야!' 빌은 제일장로교회 성도들의 모습에 사로잡혔던 기억이 떠올랐다. 그리고 그들과 같은 영적 카리스마와 지적인 매력을 이곳 프린스턴에서도 발견했다.

그리스도를 잘 드러내는 것에는 뭔가 특별한 것이 있었다. 예수님께는 매력이 있었고, 사람들은 예수님께로 이끌렸다. 만약 그 예수님이 정확하고 진실하게 나타난다면, 많은 이들이 예수님을 거부하지 않을 것이라고 빌은 생각했다.

빌에게 기독교는 조금도 따분하지 않았다. 그 이유는 바로 예수님 때문이었다. 잠잘 준비를 하는 동안, 빌은 청중연설 수업 때 들은 스튜어트 목사님의 말이 계속 떠올랐다.

"강대상에서 내려왔을 때, 사람들이 '저 청년은 정말 대단한 설교가네'라고 말하겠습니까, 아니면 '저 청년은 정말 온전히 주님을 섬기고 있네!'라고 말하겠습니까? 바로 이것이 여러분의 과제입니다."

****

빌은 사업을 돌보기 위해 차에 짐을 가득 싣고 언덕이 있는 들판을 지나고 있었다. 가는 길에 고향인 코웨타에 잠시 들러 가족을 만날 계획도 세웠다.

마을에 들어서면서 빌은 어릴 때 다녔던 교회를 지나갔다. 교회 앞 표지판에는 그 주간에 있을 부흥회에 대한 내용이 적혀 있었다. 빌은 집까지 가는 동안 부흥회에 대해 생각했다.

사실 빌은 기독교인이 된 이후로 아버지 데일 브라이트Dale Bright의 구원이 늘 마음에 걸렸다. 그래서 하나님께서 아버지를 변화시켜 주시기를 계속 기도해 왔다. 집에 도착한 빌은 부모님께 부흥회에 함께 가자고 말했다. 부모님은 흔쾌히 함께 갈 것을 약속했다.

부흥회 날, 인도하는 전도사는 말솜씨가 뛰어나지는 않았지만 빌은 그에게서 단순하지만 깊이 있는 믿음을 느꼈다. 설교가 끝나자, 전도사는 예수님을 영접할 사람들에게 앞으로 나와 달라고 했다. 그리고 믿는 사람들에게도 이들과 함께 나와 달라고 요청했다.

아버지는 자존심이 강한 분이었기 때문에 빌은 어찌할 바를 모르고 가만히 앉아 있었다. 잘못하면 아버지가 교회에 다시는 발걸음하지 않을 수도 있었다. 하지만 하나님의 인도하심을 구하며 기도하자, 빌은 아버지께 앞으로 나가자고 말할 용기가 생겼다. 빌은 긴장한 채로 아버지께 다가갔다. 그리고 함께 앞으로 나가자고 권했다.

아버지는 조용히 일어나서 앞으로 나갔다. 그리고 강단 앞에 무릎 꿇고 머리를 숙였다. 하지만 잠시 후 옆에 무릎 꿇고 앉은 빌을 향해서 속삭였다.

"나는 아직 준비가 안 됐구나."

아버지는 그날 밤에 결단을 내리기 원하지 않았다.

부흥회가 끝나자 빌은 부모님을 모시고 집으로 돌아왔다. 부모님께 인사드리고 방에 들어가 혼자 남게 되자 '정말 가까웠는데, 그렇게 간절히 원했는데…' 하는 실망감이 몰려왔다. 하지만 그의 마음속 깊은 곳에서는 하나님께서 아버지를 붙들고 계시다는 것을 알고 있었다.

****

다음 날 아침 식사를 마치고 빌은 부모님께 그날 저녁에도 부흥회에 참석할 마음이 있는지 여쭤 봤다. 놀랍게도 두 분 모두 참석하겠다고 했다. 그날 저녁, 빌은 부모님을 모시고 교회에 갔다. 전도사는 어제와 같이 예수님을 영접할 사람들에

게 앞으로 나올 것을 초청했다. 빌은 이번에도 일어나서 아버지께 다가갔다.

아버지는 빌과 함께 앞으로 나갔다. 아버지 옆에 무릎 꿇은 빌은 속삭이며 물었다.

"아버지, 준비되셨어요?"

아버지는 아들을 바라봤다. 그리고 눈물을 글썽이며 대답했다.

"그래, 아들아. 준비됐다."

짧은 순간이었지만 빌과 아버지에게는 오랫동안 기다린 행복한 순간이었다. 이날은 브라이트 가족에게 영원히 잊히지 않을 감동적인 추억의 밤이었다.

****

빌이 추구하던 2가지, 동부 지역에서의 신학 공부와 서부 지역에서의 사업 활동은 빌이 지혜롭게 감당할 수 있는 한계를 넘어서고 있었다. 빌은 자신이 신학을 공부하면서 사업에 집중하지 못한다는 것을 깨달았다.

그러던 중 로스앤젤레스에 신학교가 세워졌는 사실을 알게 됐다. 빌은 어쩌면 그 신학교의 첫 학생이 될 수도 있었다. 공부하면서 사업도 돌볼 수 있는 놓치기 아까운 기회였다. 그래서 빌은 1년을 지냈던 프린스턴에 작별인사를 하고 캘리포니아로 향했다.

빌이 돌아왔을 때, 미어즈 선생님은 최근 제2차 세계대전으로 인해 폐허가 된 유럽을 방문하고 돌아왔다. 선생님을 얼른 뵙고 싶은 생각에 빌은 샌버너디노의 콘퍼런스 센터에서 열리는 선생님의 교육 회담에 참석했다.

"유럽은 지금 폐허가 됐습니다. 그들은 엄청난 고통 가운데 있습니다. 하나님의 큰 사랑이 필요합니다."

선생님의 얼굴은 평소와 같은 밝은 모습이 아니었다. 마치 유럽에서 본 황폐함을 어깨에 짊어지고 있는 듯했다. 빌의 마음은 착잡했다. 전 세계가 절박하게 예수님을 필요로 한다는 선생님의 가르침에 안타까움이 가득했다.

****

그날 밤 빌은 산책을 했다. 선생님의 말을 다시 생각해 볼 필요가 있었다.

“하나님은 답을 갖고 계십니다. 예수님은 우리에게 모든 사람을 제자 삼으라고 하셨습니다. 우리는 그의 복음을 땅 끝까지 가지고 가야 합니다. 비록 전도라는 교육과정이 따로 있지는 않지만, 우리는 전도자가 돼야 합니다. 그리고 기독교 진리의 순수한 교리를 가르쳐야 합니다. 하나님께서는 온전히 헌신할 수 있는 사람들을 찾고 계십니다. 전쟁 기간에 용기 있는 사람들이 어려운 임무를 수행하기 위해 전쟁터로 불려갔습니다. 그리고 많은 이들은 돌아오지 못했습니다. 그들은 ‘소모품’이라고도 불렸습니다. 우리 역시 소모돼야 합니다. 오늘 밤 하나님의 부르심에 응답하지 못한다면, 하나님께서는 그에 대한 책임을 물으실 것입니다.”

****

산책을 하는 동안 빌은 제일장로교회 목사님의 아들인 루이스 에반스 주니어Louis Evans, Jr.를 만났다. 그 역시 미어즈 선생님의 말을 되새기고 있었다. 두 청년은 선생님을 찾아뵙기로 하고 선생님 숙소를 찾아갔다.

선생님과 두 청년은 곧 깊은 대화 속으로 빠져들었고, 얼마 지나지 않아 무릎 꿇고 기도하기 시작했다. 이때 빌은 믿지 못할 경험이라고 표현할 수밖에 없는 하나님의 임재를 경험했다.

그날 저녁 선생님의 말씀에 감명받은 또 다른 청년이 선생님 숙소를 찾았고, 그 역시 함께 무릎을 꿇었다. 그는 캘리포니아에서 작은 교회를 담임하는 리처드 하버슨 Richard Halverson 목사님이었다. 그 역시 이 기도를 시작으로 그를 낙심하게 만들었던 모든 것이 떠나가는 경험을 했다.

하나님을 찬양하던 그들의 기도는 하나님을 알지 못하는 이들을 향하기 시작했다. 그리고 그들이 알고 있는 학생들과 전국에 있는 모든 대학생을 위한 기도로 이어졌다. 그 다음은 미래 세대를 책임질 청년들을 위해 간절히 기도하기 시작했다. 그들에게는 예수님이 너무나도 필요했다.

그들은 기도를 마친 후 의자에 둘러앉았다. 이들은 기적 같은 일이 일어났음을 알고 있었다. 가슴 벅찬 하나님의 임재를 경험한 것이다. 또한 마음속에 자신의 삶을 하나님께 드리기 원하는 진정한 갈망이 일어나는 것을 경험했다. 그래서 무엇을 먼저 해야 할지 고민하며 토론하기 시작했다.

마침내 그들은 하나님께서 원하시는 것은 무엇이든지 할 수 있는 '소모품'으로 살아야 한다는 결론을 내렸다. 미어즈 선생님의 그 말에 이끌려 이곳에 찾아왔고 그것을 위해 기도했기 때문이다.

그들은 미어즈 선생님의 숙소에서 나와 자신들의 숙소로 향했다. 그리고 그날 밤에 있었던 기적같은 일을 기록하며 4가지 약속을 적었다.

1. 나는 훈련된 경건 생활을 하기로 약속하며 기도와 성경공부와 성경읽기를 통해 매일 하나님께 적어도 1시간씩 드리기로 약속합니다(시편 1편).

2. 나는 거룩한 생활을 하기로 약속하며 자기부인과 자기 훈련을 통해 주님께 영광 돌릴 수 있는 순결과 선행의 삶을 살기로 약속합니다(빌립보서 1:20-21).

3. 나는 주어지는 모든 기회를 사용하여 사람들에게 예수 그리스도를 알릴 것을 약속하며. 1년에 최소 1명씩 그리스도께 인

도하기로 약속합니다(마태복음 28:19; 사도행전 1:8).

4. 나는 내 몸을 산 제사로 하나님께 완전히 드립니다. 이 헌신을 통해 그리스도께 내 자신을 소모품으로 드립니다(로마서 12:1-2; 빌립보서 3:7-14).

그들은 목록 작성을 끝내면서 그들의 삶이 다시는 예전과 같을 수 없다는 것을 느꼈다. 그들은 그리스도를 위해 소모되기를 소망했다.

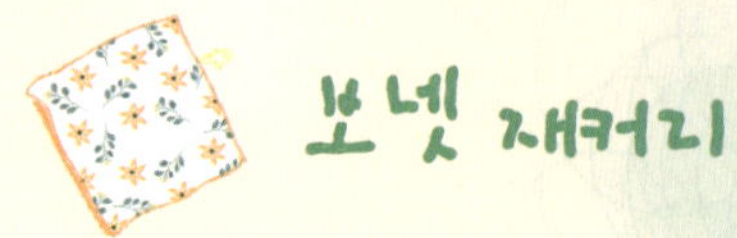

빌은 그의 차를 텍사스 주립여자대학 캠퍼스로 몰았다. 약도가 적힌 종이를 들고 건물 번호를 보기 위해 눈을 찌푸렸다. 천천히 가던 차는 드디어 종이에 적힌 건물 앞에 섰다. 차에서 내린 빌은 긴장한 표정으로 종이와 건물을 번갈아 봤다.

숨을 깊이 들이마시고 정문을 향해 올라갔다. 종이에 적힌 '보넷 재커리'라는 이름을 다시 확인했다. 그리고는 주머니에서 손수건을 꺼내 이마를 닦았다. 초인종을 누르자 곧 내려오겠다는 젊은 여성의 목소리가 들렸다.

빌은 그녀를 기다리며 오늘 이 순간이 오기까지 지난 몇 개월간의 일들을 빠르게 더듬었다.

****

1년 전, 캘리포니아의 아름다운 여름날 저녁이었다. 그날은 여동생 조앤Joann이 생일을 맞아 코웨타에 놀러 온 날이었다. 빌은 조앤의 생일을 축하해 주기 위해 특별히 유명한 호텔 레스토랑에 데려갔다. 빌은 영화배우들이 이곳을 자주 찾는다는 것을 알고 있었고, 그날 저녁에도 마주칠 수 있기를 기대했다. 그러면 조앤에게 더욱 즐거운 밤이 될 것이었다.

빌의 생각대로 레스토랑은 멋진 사람들로 가득 차 있었고, 그들의 식사는 매우 즐거웠다. 식사를 마치고 후식을 먹을 때였다. 그들의 곁으로 젊고 아름다운 여배우가 지나갔다. 순간 조앤은 눈이 휘둥그레져서 지나가는 여배우를 따라 고개를 돌렸다. 붐비는 레스토랑 사이로 우아하게 움직이는 그녀를 보며 조앤이 말했다.

"정말 아름답다. 그렇지?"

빌은 그 여배우를 바라보면서 그렇다고 대답했다. 그리고는 돌아앉으며 무슨 생각에 사로잡힌 듯 얼굴을 찡그렸다.

그 표정을 보더니 조앤이 웃으며 물었다.

"무슨 일이야?"

"아니, 갑자기 누가 생각나서. 근데 정확히 누군지…."

그러다 갑자기 빌의 표정이 밝아졌다.

"예전에 보넷이라는 친구가 있지 않았어? 너랑 같은 반이었던 것 같은데?"

빌은 보넷의 기억을 되살려봤다. 보넷을 처음 만난 것은 아주 어릴 때, 교회에서였다. 그리고 고등학교 시절의 그녀는 늘 활기찼고 모든 일의 중심에 있었다.

갑자기 조앤이 알겠다는 듯이 눈을 반짝이며 고개를 끄덕였다.

"응, 맞아."

"보넷은 요즘 뭐하고 지내니?"

"음… 덴턴 시에 있는 텍사스 주립여자대학에서 공부하고 있어. 아마 지금은 여름방학이라 집에 와 있을 거야. 나 주소도 가지고 있는데, 오빠가 원한다면 알려 줄게."

****

다음날 빌은 보넷의 주소를 가지고 출근했다. 1시간 동안 동생이 써 준 쪽지를 계속 쳐다봤다. 그리고는 책상에 앉았다. 서랍에서 고급 편지지를 꺼내 잠시 생각에 잠겼다.

'어떻게 하면 그녀에게 좋은 인상을 줄 수 있을까? 어쩌면 진실을 말하는 것이 가장 좋을지 몰라.'

긴장된 마음으로 빌은 편지를 쓰기 시작했다.

보넷에게,

어제 저녁에 조앤이 생일을 맞아서 함께 저녁 식사를 했어. 근데 거기에서 어느 아름다운 여배우를 봤는데, 그때 네가 떠올랐어. 여름 방학 잘 보내고 있지?

-빌

빌은 편지를 봉투에 넣고 주소를 쓴 다음, 즐거운 마음으로 우체통에 넣었다. 답장이 너무나도 기다려졌다.

****

며칠 후, 오클라호마에서 화창한 아침을 맞이하던 보넷은 고급스러운 봉투 하나를 건네받았다. 도대체 누가 캘리포니아에서 편지를 썼을까 궁금해하던 보넷은 친구 조앤이 오빠를 만나기 위해 잠시 그곳에 간 것을 기억했다.

'조앤이 캘리포니아에서 편지를 보냈나?'

그런데 놀랍게도 편지는 조앤의 오빠인 빌에게서 온 것이었다. 보넷은 얼굴이 확 달아올랐다. 수년 전부터 빌을 짝사랑하고 있었기 때문이다. 보넷은 어찌해야 할지 몰랐다.

그때 보넷의 아버지 재커리 씨가 집에 도착했다. 그는 자신에게로 다가오는 딸을 향해 미소 지었다. 재커리 씨는 근면한 사람이었고 마을에서 존경받았으며 무엇보다도 가족을 사랑하는 사람이었다.

봉투를 손에 쥔 채로 보넷은 아버지에게 팔짱을 끼고는 함께 식탁으로 향했다. 아버지는 빌에게서 온 편지를 보더니 웃으며 말했다.

"허허! 작은 마을 소년이 할리우드에 진출해서 성공했구나! 이제 신붓감을 찾으러 고향에 돌아오겠군."

그날 저녁, 침대에 누운 보넷은 아버지의 말씀을 생각해 봤다. 빌이 신붓감을 찾으러 온다는 생각이 썩 마음에 들지 않았다. 보넷은 답장을 하지 않기로 마음먹었다.

여름은 순식간에 지나갔고 보넷은 가을학기를 위해 다시 학교로 돌아왔다. 하루는 기숙사 룸메이트와 앉아 이런저런 대화를 하고 있었다.

"음, 짝사랑은 꼭 있기 마련이지. 나보다 나이가 더 많고 정말 멋진 사람!"

보넷이 웃으며 말했다. 그리고는 수년 전 봄날, 빌이 사람들로 가득 찬 강당 앞에 서서 연설하던 날을 떠올렸다. 보넷은 마치 꿈꾸는 듯한 표정을 짓고 있었다.

그녀의 표정을 본 룸메이트가 말했다.

"너 표정 보니 아직 짝사랑 중이구나?"

얼굴이 빨개진 보넷이 부끄러워하며 말을 했다.

"그게, 참 이상하단 말이지. 여름에 그에게서 편지를 받았거든. 영화배우를 봤대… 거기서 내가 생각났다는 거야. 근데 나는 아직 답장을 안 했어."

그리고 룸메이트에게 답장하지 않은 이유를 설명했다. 그런데 빌에 대해 얘기하다 보니 답장하지 않을 이유가 없었다.

"아직 늦지 않았어. 지금이라도 편지해!"
룸메이트가 말했다.

보넷은 빌에게 답장을 하기로 했다. 쓰다 보니 어느덧 10장이 됐다. 할 말이 끝이 없었다. 학교생활에 대해서도 쓰고, 마지막으로 헤어진 이후의 일들에 대해서도 썼다.

****

빌과 보넷은 그 이후 꾸준히 편지를 주고받았고, 전화통화도 종종 하는 사이가 됐다. 그들은 공통점이 많았다. 빌에게 이 사실은 매우 중요했다.

얼마 후, 빌은 서남 지역을 지나가는 출장이 잡히게 됐다.

애리조나에 있는 피닉스와 텍사스에 있는 댈러스였다. 댈러스는 보넷이 있는 덴턴에서 1시간 반 정도 되는 거리였다. 빌은 보넷에게 자신이 텍사스를 지날 때 데이트할 수 있는지 물었다. 보넷은 알겠다고 하며 무도회에 함께 가자고 했다.

그래서 지금 빌이 그녀의 기숙사 앞에 서 있는 것이다. 드디어 그렇게 기다리던 보넷이 문 앞에 나타났다. 그 순간, 빌은 할 말을 잃었다. 그녀는 할리우드 영화배우만큼 아름다웠다.

****

사실 빌은 보넷을 만나기 전까지 그녀에 대해 생각하지 않을 수가 없었다. 심지어 빌은 이번 첫 데이트에서 청혼까지 고민하고 있었다. 하지만 이것이 하나님의 뜻인지를 계속해서 하나님께 묻고 인도해 주시기를 기도했다.

"주님, 당신의 뜻이 아니라면 제가 그녀와 결혼하는 것을 막아 주세요."

드디어 빌은 마음이 평안해지는 것을 느꼈다. 하나님께서 주신 마음 같았고, 보넷과 결혼하는 것이 옳은 일이라 생각됐다.

텍사스 대학에서 열린 무도회에서, 빌과 보넷은 둘만의 시간을 가질 수 있었다. 보넷은 빌에게 그의 미래에 대해 물었다.

“내겐 확실한 계획들이 있어. 내 사업과 성공과 여행… 그리고 결혼에 대한.”

다시 보넷을 쳐다보면서 빌이 조용히 말했다.

“하지만 그 모든 계획은 너에게 달렸어.”

빌과 보넷 뒤에서는 밴드가 조용히 연주하고 있었다. 그때 빌이 몸을 앞으로 숙이면서 보넷에게 말했다.

“보넷, 나와 결혼해 줄래? 할리우드 언덕에서 말도 타고 유럽여행도 하고, 전 세계를 여행할 거야. 네가 갖고 싶은 모든 것을 가질 수 있어. 집과 옷, 자동차 모두 말이야.”

눈물을 글썽이며 보넷이 대답했다.

"빌, 난 당신을 사랑해요. 하지만 이건 너무 갑작스러워요. 며칠 동안 더 생각해 보고 얘기해도 될까요?"

빌은 그녀의 손을 잡으며 말했다.

"그럼, 필요한 시간을 가져야지. 하지만 당신이 알아야 할 건 말이야… 난 이미 결정했어. 사실, 집에 돌아가면 너희 부모님을 찾아뵐 생각이거든."

며칠 뒤, 고민하던 보넷은 빌과 결혼하기로 마음을 정했다. 그날 밤, 부모님께 편지로 다가올 약혼에 관해 설명했다.

****

빌은 코웨타로 차를 몰았다. 빌은 그녀가 할리우드에 얼마나 잘 어울릴지를 생각했다. 둘이서 공유하는 어릴 적 추억들을 생각하니 자동차의 속도가 점점 빨라졌다. 그의 마음은 굉장히 행복했다.

반대로 보넷의 부모님은 이 상황이 매우 혼란스러웠다. 그러나 지금까지의 빌을 봤을 때 높이 평가할 만한 사람인 것은 인정하고 있었다. 부모님은 둘의 관계를 축복하며 결혼을 허락했다. 대신 보넷이 학교를 졸업한 후에 하라고 했다. 보넷

스스로가 이 결정에 확신할 수 있는 시간을 갖기를 원했기 때문이다.

'3년이라니… 하지만 이해는 돼. 딸이 걱정되실 테니까.'

****

약혼까지 3년이란 시간을 앞둔 빌은 사업과 교회사역과 신학교에 집중했다. 그리고 그 기간에 빌과 보넷은 계속 편지를 주고받고 전화통화를 했다. 직접 만날 수 있는 시간은 거의 없었지만, 남은 삶을 함께하고 싶다는 생각만큼은 간절했다.

이와 동시에 빌의 마음속에 불안함이 생기고 있었다. 자신이 생각하는 예수님과 보넷이 말하는 예수님의 차이가 느껴지기 시작한 것이다. 보넷과 깊이 대화를 나눌수록 보넷의 믿음이 단순한 교회생활일 뿐이라는 것을 깨닫게 됐다.

결국 둘 사이에 틈이 생기기 시작했다. 빌이 보넷에게 성경구절을 읽어 보도록 권하거나, 삶에서 일어나는 일들을 기도응답으로 받아들이라고 말할수록 그 틈은 더욱 벌어졌다. 보넷은 빌의 신앙이 지나치다고 생각하고 있었다.

한때는 재치 있고 로맨틱하다고 생각했던 빌의 편지는 점점 심각한 내용이 됐다. 그들의 결혼에서도 하나님이 우선순위라는 말에 보넷은 결국 화가 났다. 왜냐하면 남편은 가족을 가장 우선순위에 둬야 한다고 생각했기 때문이다.

빌의 고민은 더욱 커졌다. 그의 믿음은 성장하고 있었지만, 보넷은 아니었기 때문이다. 보넷은 빌에게 예배에 참석하는 것 외의 다른 활동이 왜 필요한지 못 느끼겠다고 말했다. 또한 성경이 일상생활과 어떤 연관이 있는지도 모르겠다고 했다.

****

빌은 할리우드로 돌아와 캘리포니아에 있는 풀러 신학교에 다니기 시작한 상황이었다. 정기적으로 동료들과 함께 시간을 보냈으며, 교회 성도들과 함께 전도하러 나가기도 했다. 빌은 자신이 아는 복음을 보넷에게도 알려 주고 싶었다.

그런데 마침 빌은 미어즈 선생님과 콘퍼런스를 계획하고 있었다. 수백 명의 대학생이 위대한 설교가의 연설을 듣기 위해 참석할 것이었다.

'그래, 보넷을 이 콘퍼런스에 초대하는 거야!'

빌은 하나님께서 설교가들을 통해, 아니면 수백 명의 학생을 통해 기독교가 얼마나 매력적인지 보넷에게 보여 주실 것 같았다. 빌은 보넷에게 편지를 써서 자신과 함께 이 콘퍼런스에 참석하자고 말했다. 이는 빌이 이 문제를 해결할 마지막 기회였고 믿음의 결단이었다.

며칠 후, 보넷은 빌의 편지를 받았다. 보넷은 이번 초대가 빌에게 매우 중요하다는 것을 알고 있었다. 보넷도 결정을 내려야 할 시점이 다가오고 있었다.

****

콘퍼런스에 온 보넷은 빌과 만나 콘퍼런스 홀 근처를 거닐면서 대화를 나눴다.

"당신의 앞길을 가로막고 싶지 않아요."

그녀가 부드럽게 말하며 가던 길을 멈추고 빌을 향해 돌아섰다. 그리고 눈물이 고인 눈으로 파혼이 최선인 것 같다고 말했다. 그녀는 고향으로 돌아가 교사가 될 생각이었다.

"우리는 각자의 길을 가야 할 것 같아요."

목이 멘 그녀가 말을 멈췄다.

마음이 무거워진 빌은 땅만 바라봤다. 그러다 천천히 보넷을 바라보며 조용히 말했다.

“마지막으로 부탁 하나 들어줄 수 있니? 오늘 저녁 강의가 끝나면 미어즈 선생님과 잠시 얘기를 나눠 줘.”

보넷은 그 대화가 어떤 변화를 줄 수 있을지 의심이 들었지만, 미어즈 선생님을 만나 보기로 했다.

****

그날 저녁, 미어즈 선생님은 믿음과 죄 그리고 회개와 성령 충만을 강의했다. 모임은 4시간 후에 끝났다.

빌은 미어즈 선생님께 예수님을 인격적으로 알지 못하는 자신의 약혼녀와 만나 주기를 미리 부탁해 놓은 상태였다. 보넷과 빌은 모임이 끝나고 선생님의 숙소로 향했다. 빌이 밖에서 그들의 대화를 위해 기도하며 기다리는 동안 2시간이 흘렀다.

보넷과 미어즈 선생님은 공통점이 많았다. 보넷은 얼마 전 대학에서 화학을 부전공하고 교사가 될 자격을 갖춘 상태였다. 미어즈 선생님 역시 미네소타에서 화학을 가르쳤다. 자신을 이해해 주는 사람을 만났다고 생각한 보넷은 선생님께 그날 오후에 있었던 빌과의 대화에 대해 말하기 시작했다. 그리고 각자의 믿음이 얼마나 다른지에 대해서도 이야기했다.

"모든 것은 현실적이고 실현 가능성이 있어야 하잖아요. 과학을 공부한 사람으로서, 기독교가 현실적으로 타당한지 의문을 가질 수밖에 없어요."

선생님은 보넷의 이런 의문을 이해했다. 그리고는 화학에서 나오는 그림들을 가지고 어떻게 그리스도를 현실적이고 개인적으로 알 수 있는지 설명했다. 마침내 보넷은 자신도 그리스도를 만날 수 있는지 물었다. 미어즈 선생님은 요한계시록 3장 20절의 말씀을 들려주면서 보넷을 격려했다.

"성경은 예수님께서 '볼지어다 내가 문 밖에 서서 두드리노니 누구든지 내 음성을 듣고 문을 열면 내가 그에게로 들어가 그와 더불어 먹고 그는 나와 더불어 먹으리라'고 말씀하셨다고 말하고 있어요. 그리스도를 초대하는 것은 자기 삶을 그분께 드리는 것과 같아요."

보넷은 잠시 생각해 봤다. 예수님을 초대했을 때, 잃을 것은 하나도 없고 모든 것을 얻게 될 것 같았다. 보넷은 고개를 숙이고 예수님께서 그녀의 삶 속에 오시기를 기도했다.

숙소 문이 열리는 소리를 듣고 빌은 걸음을 멈췄다. 보넷의 표정을 보는 순간 뭔가 바뀌었다는 것을 알 수 있었다. 기쁨으로 가득 찬 그녀가 빌의 품속으로 달려들었다.

****

그날 이후로 보넷에게는 많은 변화가 일어났다. 성령님이 늘 함께 하셨으며, 사랑이 넘쳐 흘렀다.

그로부터 3개월 뒤인 12월 30일, 빌 브라이트와 보넷 재커리는 코웨타의 작은 감리교회에서 가족과 친구들에게 둘러싸인 채 하나님 앞에서 부부가 됐다. 이들의 결혼은 단순한 예식이 아니었다. 이제부터 부부로 함께 사는 삶을 하나님께서 인도해 주시기를 초청하는 시간이었다.

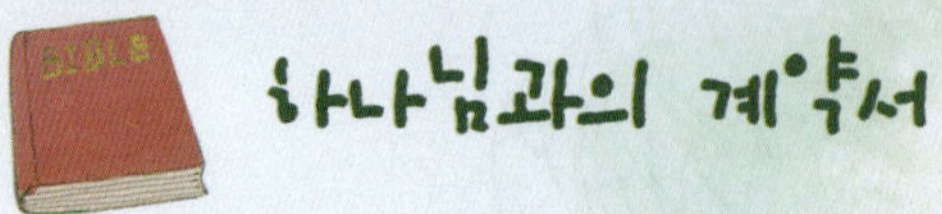

하나님과의 계약서

빌과 보넷은 할리우드 장로교회 뒷줄에 앉았다. 수요일마다 열리는 사업가 모임에는 1,000명이 넘는 사람들이 모였다. 모임이 시작하길 기다리며 빌은 보넷의 손을 잡았다.

빌은 사업에 열중했고, 보넷은 로스앤젤레스에 있는 학교에서 학생들을 가르치고 있었다. 두 사람은 온종일 바쁘게 일하면서도 교회에서 여러 가지 봉사를 했다. 빌은 수백 명에 달하는 교회 청년과 일했고, 매주 청년들과 함께 전도를 다녔다. 그리고 시간이 날 때마다 신학교 졸업을 위해 공부했다.

****

모임이 시작됐다. 안건은 집사 추천이었다. 곧 선발된 후보 명단이 발표됐다.

"제임스, 톰, 빌…."

빌은 자신의 이름을 부르는 소리에 고개를 번쩍 들었다. 보넷은 놀라움과 자랑스러움이 섞인 표정으로 남편을 바라봤다.

"당신이 후보인 걸 알고 있었어요?"

"아니."

빌이 조용히 대답했다.

서로가 의견을 내기 시작했다. 그때 한 남자가 일어났다. 그는 빌의 예전 동업자였는데, 재정적인 문제로 다툼이 있었던 사람의 가족이었다. 그 남자는 회중을 돌아보며 목을 가다듬었다. 그리고는 자신의 의견을 밝혔다.

"저는 빌 브라이트 후보를 지지할 수 없습니다. 그는 정직하지 않습니다.”

그러자 옆에 앉았던 그의 가족이 일어나서 말했다.

“저도 동의합니다. 그는 이 특권과 책임을 지기에 마땅하지 않습니다.”

순간 모두 충격에 휩싸였다. 그리고 어색한 침묵만이 남았다. 빌은 할 말을 잃고 앉아 있었다. 정신이 멍했고 굴욕감을 느꼈다. 브라이트 가문이 가장 중요하게 여기는 것은 바로 정직이었다. 하지만 지금 수백 명의 성도 앞에서, 그 누구보다도 빌에게 중요한 사람들 앞에서 모욕을 당한 것이다.

****

루이스 에반스 담임목사님이 천천히 자리에서 일어났다. 그리고 잠시 휴식 시간을 갖도록 했다. 추천위원회에서는 추천 명단을 다시 고려해 볼 시간이 필요했다. 위원들은 작은 방으로 모였고, 예배당에서 속삭이던 소리는 차츰 커지기 시작했다.

빌은 일어나서 밖으로 달려 나갔다. 그리고 건물 밖을 돌다가 위원회가 모인 방으로 연결된 문을 발견했다. 빌은 숨을 몰아쉬며 문을 열고 들어갔다. 목사님이 앞에 서 계셨다.

"목사님, 제 이름을 명단에서 빼 주십시오. 저 때문에 우리 교회가 신뢰를 잃게 하고 싶지는 않습니다."

목사님은 손을 들어 상처받은 빌이 더는 말하지 못하게 막았다. 그리고는 앞에 앉은 위원들을 바라봤다.

"저는 아까 그분들이 빌 브라이트 후보의 추천을 반대한 이유를 알고 있습니다. 그리고 그 상황을 조심스럽게 살펴봤습니다. 그 결과 빌 브라이트는 무고합니다. 집사 추천 명단에 그의 이름을 그대로 두시기를 바랍니다."

빌은 목사님을 뚫어져라 쳐다봤다. 목사님은 한 치의 주저함도 없었다. 그의 평생에 이렇게 확신에 찬 선언은 한 번도 들어 본 적이 없었다.

'목사님은… 날 신뢰하시는구나.' 빌은 눈물을 닦으며 천천히 건물을 돌아 보넷 옆자리에 다시 앉았다. 빌은 무슨 말을 해야 할지 몰랐고, 두 사람 모두 조용히 앉아 있었다.

****

모임이 다시 시작됐다. 위원회 대표가 일어서서 빌 브라이트에 대한 협의를 재고해 본 결과, 집사 후보 명단에 남아 있어야 한다는 결론을 내렸다고 발표했다. 그러자 갑자기 박수가 터져 나왔다. 빌이 무슨 일인지 알아차리기도 전에 사람들이 일어서기 시작했고, 박수 소리는 더욱 커졌다. 그제야 안도감이 몰려왔다. 빌에게는 절대 잊을 수 없는 순간이었다.

물론 불과 몇 분 전, 그의 자존심이 갈기갈기 찢기며 느꼈던 고통도 잊을 수 없는 순간이었다. 하나님께서는 빌의 삶을 만지고 계셨고, 이제 시작일 뿐이었다. 그 일이 있고 얼마 지나지 않아서 빌은 교회 집사로 임명됐다.

****

빌은 예수님의 위로를 전하고 싶은 마음에 아픈 사람과 노인들을 찾아다녔다. 하지만 오히려 자신이 위로받을 때가 많았다. 그리고 행복은 어떤 상황에서도 만족하는 것임을 배웠다.

또 빌은 주일에 성찬식 봉사를 하면서도 많은 것을 배웠다. 그동안 예수님의 피에 대해 정확히 이해하지 못했었는데, "피 흘림이 없은즉 사함이 없느니라" 히브리서 9:22는 구절을 읽고 나서 십자가의 진정한 의미를 깨닫게 됐다.

빌은 정말 많이 배우고 있었다. 하지만 그의 활동과 책임은 계속 늘어났고, 결국 문제가 생겼다.

****

어느 주일 아침, 빌과 보넷은 예배와 성경공부를 위해 교회로 향하고 있었다. 그런데 빌은 교회에 도착하자마자 '대학과 진로' 부서의 학생과 상담을 해 달라는 긴급호출을 받았다. 빌은 서둘러 다른 두 상담가와 자리를 떠났다. 그러나 뒤돌아 있던 보넷은 빌이 어디로 갔는지 알 수 없었다. 그녀는 '성경공부에서 만나면 되겠지'라고 생각했다.

하지만 빌은 성경공부에 오지 않았고, 예배 시간에도 나타나지 않았다. 보넷은 계속 혼자였다. 예배당의 불이 꺼지고 마지막으로 나온 보넷은 어쩔 줄 몰라 하다가 일단 차에 가 있기로 했다. 그녀는 천천히 주차장으로 걸어 나가며 생각했다.

'도대체 빌은 어디로 간 걸까?' 보넷의 염려는 불만으로 바뀌기 시작했고, 보넷이 기다린 지 거의 3시간 만에 빌이 드디어 건물 앞에 나타났다. 보넷은 화가 나 있었다.

"입장을 바꿔 생각해 봐요. 당신이 나였다면 뭘 기대했을 것 같아요?"

아내의 불만을 듣던 빌은 자신의 잘못을 깨달았다. 사역에 집중하면서 올바른 결정이라고 생각하던 것들이 아내에게 얼마나 무관심한 행동이었는지 깨달았다. 빌은 보넷과 대화하면 할수록 그의 생활을 보넷의 관점에서 보게 됐다.

빌은 사업과 대학 청년사역, 교회 활동과 신학교까지 포함한 너무나도 바쁜 그의 일상으로 그녀를 끌어들인 것이었다. 보넷은 하나님께서 주신 훌륭한 선물인데 자신이 그렇게 대하지 못했다고 생각하니 슬펐다.

****

빌은 보넷에게 이렇게 말했다.

"보넷, 제안이 있어. 우리 각자 하나님 앞에서 결혼에 대해 기대하는 것들을 적어 보자. 그리고 하나님께서 우리에게 무엇을 원하시는지 함께 여쭤 보자."

보넷은 그러겠다고 하며 침실로 들어가 문을 닫았다. 빌은 식탁에 앉은 채 목록을 써 내려가기 시작했다.

내가 삶 속에서 원하는 것은 무엇인가?

빌은 이 질문에 대해 생각하면서 펜으로 얼굴을 두드렸다. 그가 처음 캘리포니아로 오면서 가졌던 목표들이 떠올랐다. 빌은 성공한 사업가가 되고 싶었다. 정치가와 변호사가 되는 것도 한때 그의 목표였다.

하지만 지금은 상황이 너무나 달라져 있었다. 그는 로스쿨이 아닌 신학교에 지원했으며, 회사보다는 교회에서 시간을 훨씬 더 많이 보냈다. 빌은 그리스도를 위한 소모품으로 살고 싶었다.

그리스도를 위한 소모품이 된다는 것은 예수님의 뜻대로 이뤄지는 삶을 말했다. 빌의 생각들, 목표, 자존심과 우선순위

모두 그렇게 이뤄지고 있는지 생각해야 했다. 오늘은 그의 결혼생활을 생각해야 했다. '과연 그리스도의 결혼이 될 것인가, 아니면 자신의 것이 될 것인가?' 빌은 펜을 들었다.

나는 하나도 빠짐없이 모든 것을 포기하고 주 예수 그리스도의 통제 아래에 굴복합니다. 나의 삶, 결혼, 가족, 집, 사업, 사역, 신학교 등 지금까지 소유하고 있는 것과 앞으로 소유할 모든 것을 그리스도의 주권 아래 내려놓습니다.

빌은 사도 바울이 자기 자신을 설명하던 말씀을 떠올렸다.

"예수 그리스도의 종 바울은 사도로 부르심을 받아 하나님의 복음을 위하여 택정함을 입었으니"(로마서 1:1)

'그래 그거야.'

그리스도의 종이 된다는 것은 빌이 예수님 앞에서 살기 원하는 순종의 모습을 가장 잘 표현하는 말이었다.

****

보넷은 옆방에서 창밖을 바라보며 빌 브라이트의 아내가 되면서 가졌던 기대들에 대해 생각했다. '첫날 프로포즈하면서 했던 말이 뭐였더라? 집? 옷과 자동차 그리고 세계 여행?'

보넷은 지난 4년간 예수님과의 관계로 인해 우선순위가 많이 바뀌었다는 것을 알고 있었다. '우리 결혼의 가장 근본적인 목표는 뭘까?' 현실적이던 보넷의 목록은 빌과 조금 달랐다.

아이들, 사회 각계각층의 사람들을 초대하고 보살피기에 알맞은 집, 우리 사역에 적당한 차, 하나님의 축복

보넷은 거실로 나와서 빌과 서로의 목록을 비교했다. 그들은 얘기를 나눌수록 깨닫는 것이 있었다. 빌에게는 큰 비전이 있다는 것이고, 보넷은 현실적인 면을 볼 줄 안다는 것이었다. 이들은 이미 자신만의 방법으로 하나님께 '항복'을 표현한 것이다.

"이게 우리가 맺는 '하나님과의 계약'이야."

빌은 펜을 들고 하나님과의 계약서에 서명했다. 보넷 역시 서명했다. 이 젊은 부부는 하나님의 주권 아래 삶을 온전히 항복하기 원하며 기도했다. 그들은 무슨 일이 있어도 하나님의 종이었고, 그렇게 계약했음을 선포했다.

****

혼란스러웠던 하루가 지나고, 그들 사이에 평화가 내려왔다. 그들의 결혼생활과 앞으로의 모든 결정을 온전히 하나님께 올려드렸음을 느낄 수 있었다. 미래가 더 투명해 보였다.

다만 그들이 알지 못하고 있었던 것은 채 하루가 지나기도 전에 하나님께서 이 새로운 '계약서'대로 실행할 기회를 주실 것이라는 사실이었다.

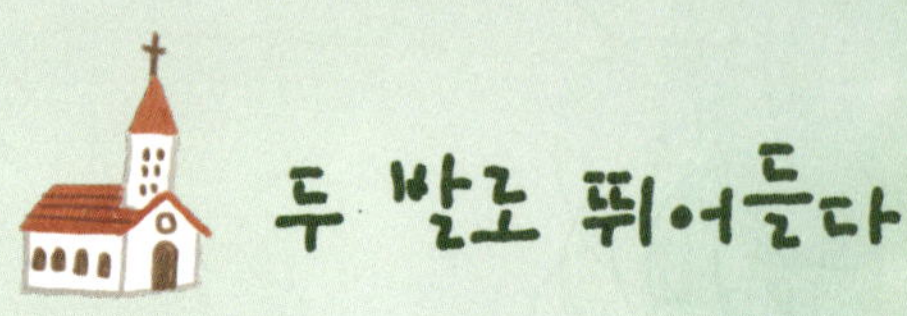

두 발로 뛰어들다

"쿵. 쿵. 쿵. 쿵."

동네를 달리는 빌의 발소리가 일정하게 울렸다. 달빛이 길을 조용히 비추고 있는 자정이었다. 빌의 가슴은 터질 것 같았지만 달리기 때문이 아니었다. 빌은 말로 표현할 수 없는 놀라움을 경험했고, 그때 머릿속에 떠오른 것이 달리기였다.

****

1시간 전, 보넷이 잠든 동안 빌은 식탁에 앉아 다음날 있을 히브리어 시험을 준비하며 시편을 공부하고 있었다.

"여호와 우리 주여 주의 이름이 온 땅에 어찌 그리 아름다운지요 주의 영광이 하늘을 덮었나이다 주의 대적으로 말미암아 어린 아이들과 젖먹이들의 입으로 권능을 세우심이여 이는 원수들과 보복자들을 잠잠하게 하려 하심이니이다 주의 손가락으로 만드신 주의 하늘과 주께서 베풀어 두신 달과 별들을 내가 보오니 사람이 무엇이기에 주께서 그를 생각하시며 인자가 무엇이기에 주께서 그를 돌보시나이까"(시편 8:1-4)

'하나님과 비교하면 우리는 벌레같이 하찮은 존재일 뿐이야. 그럼에도 하나님은 우리를 사랑하셔서 당신에게로 이끄셔. 이 얼마나 아름답고 놀라운 일인지!'

****

빌과 보넷이 그들의 삶과 결혼을 하나님께 올려드린 지 하루가 지났다. 여전히 어제와 같은 삶이 계속됐지만, 뭔가 다르게 느껴졌다. 빌은 그 어떤 것도 받아들일 준비가 돼 있었다.

빌은 갑자기 뭔가를 느꼈다. 이전에 한 번도 경험해 보지 못한 느낌이었다. 빌은 이게 바로 하나님의 임재라는 것을 깨달았다. 빌은 성경을 내려놓은 채 눈을 감고 기도했다.

"제게 말씀하실 것이 있으십니까?"

그때 하나님께서 함께하신다는 느낌이 매우 강하게 들었다. 빌은 하나님께서 말씀하실 때까지 기다리는 수밖에 없었다. 말소리를 들은 것도 아니고, 어떤 형체를 본 것도 아니었다. 하지만 하나님은 분명히 거기 계셨다. 빌은 자신이 하나님께 이끌려 가는 것을 느꼈고, 그의 마음은 그분의 목적으로 채워졌다. 빌은 하나님이 그에게 바라시는 것이 무엇인지 알 수 있었다.

****

빌은 다시 한 번 앞에 놓인 성경을 봤다. 말할 수 없이 심장이 뛰었고, 마음속에 무한한 에너지가 넘쳐흘렀다. 1분이라도 더 앉아 있으면 폭발할 것만 같았다. 빌이 소리쳤다.

"달려야겠어!"

신발을 신는 빌의 마음은 흥분으로 가득 찼다.

'만약 어제 보넷과 함께 내 인생을 하나님 앞에 온전히 드리

지 않았다면, 이런 생각을 받아들일 준비가 돼 있었을까?'

빌은 달릴 수 없을 때까지 계속 달렸다. 흥분으로 온몸이 떨렸다. 빌은 침실에 들어가 눈물이 흘러내리는 채로 방안을 서성이기 시작했다. 빌이 움직이는 소리에 보넷이 잠에서 깼다. 빌은 마음속에 있는 말이 마구 쏟아져 나왔고, 가슴 벅찬 하나님의 임재를 아내에게 설명해 주려고 노력했다.

"보넷, 정말 거룩한 만남이었어. 하나님의 임재로 덮였다는 말밖에는 할 수가 없어. 그분의 마음이 내 마음에 전해졌는데, 잃어버린 자들을 찾아서 구원하라는 마음이었어."

빌이 흥분하며 말을 이어 나갔다.

"우리가 예수님의 복음을 가지고 온 세상을 다니는 모습을 봤어. 그리스도를 알 기회가 있는 모든 사람을 말이야."

거기까지 생각한 빌이 잠시 멈췄다.

"이게 상상이 돼? 수십억의 사람이 그리스도를 통한 하나님의 사랑과 용서에 관해 듣는다는 게?"

빌은 경이로움에 빠진 채 속삭였다. 그리고 머릿속에 그려지는 그 거대한 모습에 압도됐다.

"하지만 이 일이 다 이뤄질 거라는 확신이 들었어. 하나님께서는 우리를 통해서 이 세대에 예수 그리스도를 알리실 거야. 이 세대에 위대한 명령이 이뤄지는 것을 볼 거야. 그리고….”

잠시 멈추고는 아내를 바라봤다.

“먼저 대학에 있는 미래의 리더들부터 시작하는 거야.”

그의 머릿속에는 문구가 새겨지고 있었다.

"오늘은 그리스도를 위해 캠퍼스를,
내일은 그리스도를 위해 세계를!"

“내가 학생들과 전도할 장소를 찾을 때 힘들어하던 거 기억하고 있어?”

이제 일어나 똑바로 앉은 보넷에게 물었다. 그녀가 끄덕였다.

“감옥도 노방전도를 위한 곳들도 모두 대답은 같았어. 이미 연락하는 교회가 있다는 거야. 그때 들었던 생각이 기억나. ‘분명히 이 로스앤젤레스 지역 중 교회들이 몰려들지 않는 곳에 예수님에 대해 들어야 할 사람들이 있을 텐데’ 하고 말이야. 그리고는 빌리랑 그때 그 대화를 하게 됐지.”

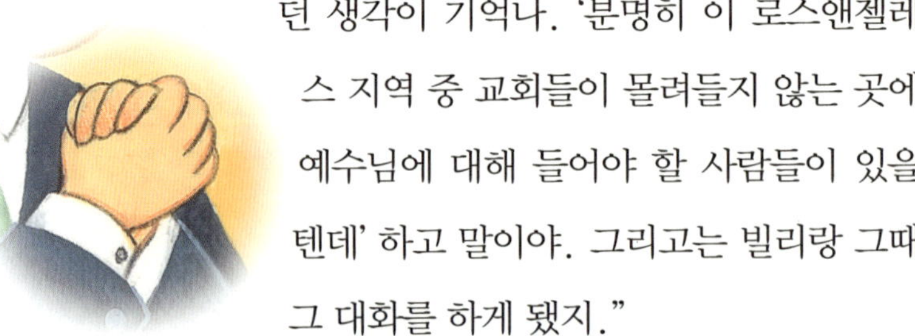

보넷이 또다시 끄덕였다. 빌은 아직 유명하지 않았던 빌리 그레이엄Billy Graham과 만난 적이 있었다. 빌은 그에게 고민을 털어놨다. 빌의 마음이 사업에서 사역 쪽으로 옮겨가고 있었고, 삶을 어떻게 살아야 할지 방법을 찾고 있었기 때문이다.

****

"당신에게 동기를 부여하는 것은 무엇입니까?"

빌리 그레이엄이 깊이 생각하며 빌에게 물었다.

빌은 잠시 생각해 봤다. 무엇이 그를 움직이게 했을까? 그는 바로 할리우드 장로교회 청년들을 떠올리며 대답했다.

"학생들이요."

"만약 학생들이 당신에게 동기부여한다면, 당신의 삶을 그들에게 바쳐야 하지 않을까요?"

빌리이 말이었다.

****

"이제 모든 게 말이 돼, 그렇지 않아?"

보넷은 남편에게 미소 지었다. 처음 잠에서 깨어났을 때만 해도, 남편이 공부를 너무 많이 해서 이상해졌다고 생각했다.

하지만 그의 이야기를 들을수록 진정 하나님께서 남편을 만나 주셨다는 것이 믿어졌다.

그녀 역시 지난 이틀 동안의 일들에 압도됐다. 어제는 하나님께서 그들에게 순종할 것을 명확히 하셨고, 오늘은 너무나도 크고 대담한 계획을 보여 주셨기 때문이다. 하나님의 계획은 그들이 기대했던 것을 훨씬 뛰어넘었다.

****

다음 날 히브리어 시험은 눈 깜짝할 사이에 끝났다. 주차장 쪽으로 걸어가던 빌은 갑자기 그의 스승인 윌버 스미스Wilbur Smith교수님이 떠올랐다. '교수님께 말씀드려야지' 하고 생각하며 서둘러 그의 연구실을 찾았다. 흥분한 빌은 자신이 겪은 일과 하나님이 주신 비전에 대해 말했다. 스미스 교수님은 연구실을 서성이며 중얼거렸다.

"맞아…. 이건 하나님에게서 온 거야. 하나님에게서…."

빌은 하나님의 사람으로 여기던 교수님도 그의 비전에 놀라시는 모습에 신이 났다. 교수님은 그런 빌을 향해 돌아서며 이 모든 것에 대해 생각해 보고 기도하겠다고 말했다.

다음 날 아침, 빌이 강의실에 앉아 있는데 누군가 문을 두드렸다. 강의실 밖에서 스미스 교수님이 빌에게 잠깐 나오라고 손짓하고 있었다. 서둘러 건물 밖으로 나온 빌에게 교수님은 작은 쪽지를 건넸다. 거기에는 'CCC'라고 적혀 있었다. 어리둥절한 빌에게 교수님은 눈을 반짝이며 말했다.

"CCC, Campus Crusade for Christ(그리스도를 위한 대학생 선교회). 자네의 비전을 위해 하나님께서 이름을 주신 것 같네."

****

그날 저녁, 빌과 보넷은 함께 기도하면서 점점 더 들떴다. 머릿속은 질문으로 가득 찼다.

'어떻게 이 일을 시작하지? 어디서? 누구와? 언제?'

빌과 보넷은 우선 기도로 시작해야 한다는 것을 알았다. 그래서 15분 간격으로 24시간 기도 연결고리를 만들었고, 신학

CCC
CCC

교와 교회 친구들에게 함께 기도하길 요청했다. 하나님의 응답은 분명히 기도를 통해 올 것이었기 때문이다.

빌은 하나님이 그의 삶을 통해 무엇을 원하시는지 알고 있었다. 그리고 바로 시작해야 한다는 것 또한 알고 있었다.

'이젠 다른 어떤 일을 하는 것도 상상할 수 없어.'

****

빌은 CCC에 대한 비전을 친구와 동료들과 나누며 조언을 구했다. 빌은 그럴 때마다 매번 격려를 받았고, 계속해서 하나님의 인도하심을 구했다. 빌은 이제 막 시작하는 이 사역에 헌신할 지혜로운 사람들이 필요하다는 것을 깨달았다. 빌은 그들을 찾아가서 CCC의 이사가 되어 달라고 부탁하기로 했다.

빌은 이제 누구를 만나고 어디서 시작해야 할지 정확히 알고 있었다. 그는 세상에 예수 그리스도의 복음을 알리기 위해서 먼저 대학에서 영향을 미치는 사람들을 만나야 했다. 그중 미래를 이끌어 갈 학생 리더들을 만나야 했다. 그렇다면, 그들은 어디에 있을까? 다름 아닌 각 학교의 동아리였다.

첫 번째 장소는 캘리포니아 대학교 로스앤젤레스(UCLA) 캠퍼스에 있는 여학생 동아리 숙소였다. 첫 번째 모임을 하기 전, 빌은 기도했다. 단지 지금 모임에 대한 간단한 문제가 아닌 CCC의 비전이 달린 것이었다. 빌은 하나님께 이 비전을 확신할 수 있도록 그의 메시지에 긍정적으로 반응할 단 한 사람을 보내 달라고 기도했다.

****

그날 저녁, 거실에 동아리 여학생들이 모였다. 3명의 할리우드 장로교회 청년들이 돌아가며 일어나 예수님을 개인적으로 아는 것이 무엇인지 말했다. 이어서 빌이 예수님을 전했다. 예수님께서 십자가에서 하신 일 때문에 우리가 하나님을 개인적으로 알 수 있다는 것을 설명했다. 그리고 학생들에게 예수님을 마음속으로 초대하는 것이 무엇인지 생각해 보라고 권했다.

학생들에게 생각할 시간을 주기 위해 고개를 숙이고 있던 빌은 누군가 다가오는 소리에 고개를 들었다. 한 여성이 서 있는 것이 보였다. 그런데 놀랍게도 이 여성 뒤에는 그날 함께했던 60명의 학생 중 절반이 줄을 서 있었다. 하나님께서 빌의 기도에 응답하신 것이다.

모임을 마치며 빌은 공지를 하기 위해 일어섰다. 그리고 보

넷을 가리키며 말했다.

"내일 저녁, 저희 집에서 또 한 번의 모임을 할 것입니다. 친구들을 데리고 오세요. 그리고 꼭 오세요! 내일 저희와 함께 시간을 보낼 수 있다면 정말 좋을 것 같습니다."

****

다음 날 저녁, 많은 이가 빌의 집에 모였다. 운동선수들과 학교신문 편집장 그리고 음악가들까지 왔다. 그 후로 수개월 동안 UCLA 캠퍼스 전역에서 모임이 이뤄졌다. 사교클럽과 기숙사 그리고 라커 룸에서까지 모임이 열렸고, 250명이 넘는 학생들이 예수님께 삶을 드리기로 결심했다. 얼마 지나지 않아 정오에는 캠퍼스에서 찬송가가 울려 퍼지기 시작했다. CCC가 시작된 것이다.

단순하게 만들기

빌과 함께 침대 옆에 무릎 꿇은 한 대학생이 있었다. 그 청년은 그리스도께서 그의 죄를 용서하시고, 하나님의 사람으로 만들어 주시기를 기도하고 있었다. 그의 감은 두 눈에는 눈물이 고였고, 빌은 청년의 기도에 고개를 끄덕이며 그의 어깨를 토닥였다.

빌은 최근 CCC 사역에 간사로 들어온 청년과 함께 UCLA 기숙사를 나섰다. 그는 빌과 함께 훈련받는 중이었다. 빌은 그를 향해 돌아서며 조금 전 그 학생을 위해 잠시 기도하자고 했다. 그들은 주차장 옆에 서서 잠시 기도했다. 그리고 '거룩한 약속'에 대해 하나님께 감사 기도를 드렸다. 기도를 마치고 돌아오는 길에 청년이 빌에게 물었다.

"그런데 '거룩한 약속'이 무엇인가요?"

"예수님에 관해서 얘기할 모든 기회는 '거룩한 약속' 또는 '하나님이 하신 일'이에요. 나는 내가 할 수 있는 일을 해야 할 책임이 있어요. 예수님에 관한 대화를 시작하는 것은 사람의 책임이에요. 예를 들어 누군가가 나에게 전화를 했는데 번호를 잘못 눌렀다는 것을 깨닫는다면, 난 그것을 거룩한 약속으로 보죠. 그래서 전혀 잘못 누르지 않았다고 말해요. 왜냐하면 얘기해 줄 것이 있기 때문이에요. 그 기회를 이용해서 예수님의 놀라운 복음을 들려주죠. 하지만 결과는 하나님 한 분께 있다는 것을 기억하는 것이 매우 중요해요. 사람들에게 예수님을 전하는 일이 성공하려면 성령을 힘입어 주도적으로 말하고 결과는 하나님께 맡겨야 해요."

청년이 끄덕였다.

****

그동안 UCLA에서의 CCC 사역은 성공적이었고, 이 소문은 삽시간에 퍼져 나갔다. 빌과 보넷은 이 사역을 어떻게 더 키워 나갈지에 대해 더 많은 대화를 나눴다.

"또 한 분의 목사님이 지역 캠퍼스에 간사를 보내 달라고 요청하셨어. 이번에는 애리조나에 계신 목사님이야."

빌은 미소를 숨길 수가 없었다. 그의 비전이 날개를 달았기 때문이다. 처음에는 근처 캘리포니아 지역의 목사님들이 요청했는데, 최근에는 다른 먼 지역에서도 요청 전화가 오고 있었다. 빌과 보넷은 갈수록 더 커지는 이 사역에 간사들을 어떻게 채울 수 있을지 고민이 됐다.

또한 그들은 사역의 목표에 관해 자주 이야기했다. 목표는 무엇보다도 단순하고 정확해야 했다. 빌은 간사들과 이사회 그리고 보넷과 이야기했다. 그들은 온 세계에 예수님의 복음이 미치기를 원했고, 사람들이 그리스도께로 향하기를 원했다. 첫 번째 목표는 확연했다.

"Win"[전도]

하지만 빌은 그와 동시에 새로운 성도들을 훈련하고 준비시키기를 원했다. 많은 기독교인이 콘퍼런스에서는 그리스도께 삶을 드린다고 고백하지만, 삶으로 돌아가서는 잊어버린다고 종종 말했기 때문이다. 그래서 무엇을 해야 성장할 수 있는지 알려 주는 것이 두 번째 목표였다.

"Build"[육성]

마지막으로 빌은 성도들이 행동하기를 원하며 이렇게 말했다.

"기독교는 모험입니다!"

예수 그리스도의 복음을 전하는 것은 시시한 일이 아니었지만, 어떤 이들은 다른 사람에게 예수님에 관해 말하기를 겁내고 있었다.

빌은 이것을 이해했고, 많은 사람이 대화를 어떻게 시작해야 할지 모르고 있다는 사실을 깨달았다. 대부분의 기독교인들이 예수 그리스도를 통한 하나님의 사랑을 전달하는 방법을 배운 적이 없었던 것이다. 빌의 어머니 역시 마찬가지였다.

"하지만 예수님께서는 보여 주셨어. 그의 제자들을 보내시며 하나님의 구원의 메시지를 전하도록 하셨잖아."

빌은 늘 자신에게 말했다.

"Send"[파송]

****

"전도하고, 육성하고, 파송하다!"

빌은 계획의 단순함에 미소 지었다. 사람들이 쉽게 기억할 수 있을 것이었다. 하지만 분명 기독교를 더 단순하게 전할 방법이 있을 거라고 생각됐다. 그의 머릿속에는 계속 한 가지 질문이 맴돌았다. '어떻게 성경의 놀라운 진리들을 일상 속에서 쉽게 이해하도록 만들지?'

그런데 간사 수련회에서 드디어 전환점이 찾아왔다. 빌은 60여 명의 간사를 위한 강사로 기독교인 친구이자 성공한 마케팅 전문가를 초청했다.

"명확하게 표현된 메시지가 있어야 합니다. 단순할수록 좋습니다. 사람들은 흔히 메시지를 바꾸는 실수를 저지릅니다.

하지만 그러면 효력이 떨어집니다. 필요한 것은 '설득'입니다."

그러면서 그는 모두가 알고 있는 기독교 지도자들을 나열하면서, 그들이 무엇인가를 주장할 때 똑같은 말을 계속 반복한다는 공통점을 알려 줬다.

"예를 들어 빌 브라이트를 보세요. 그는 대학생들과 사역하지만, 사업가나 죄수들과도 대화합니다. 제가 한 가지 비밀을 알려드리죠. 그는 각 그룹에 특별한 메시지를 준다고 생각할지 모릅니다. 하지만 아십니까? 그렇지 않다는 사실을요! 그는 모든 사람에게 같은 이야기로 설득을 합니다."

빌은 순간 움찔했다.
'어떻게 내가 하나님의 일에 미국 광고업계 수법을 활용한다고 말할 수 있지?'

****

그날 오후, 빌은 조용히 혼자 있을 곳을 찾았다. 자신이 예수님을 전할 때 성령님의 인도하심을 받지 않았을 것이라는 친구의 생각에 억울했다. 그는 기도하기 위해 무릎을 꿇었다. 그리고 이 상황 속에서 자신에게 보여 주시고자 하는 것이 무엇인지를 하나님께 물었다.

먼저, 빌은 자신이 사람들에게 공통적으로 말한 내용을 찬찬히 생각해 봤다. 그리고 첫 페이지에는 사업가들, 다음 페이지에는 사회 빈곤층인 사람들을 생각하며 적었다. 그리고 빌은 하나님의 사랑에 대해 적었다.

"하나님이 세상을 이처럼 사랑하사 독생자를 주셨으니 이는 그를 믿는 자마다 멸망하지 않고 영생을 얻게 하려 하심이라" (요한복음 3:16)

멋진 삶을 향한 하나님의 계획에 대해서도 적었다.

"내가 온 것은 양으로 생명을 얻게 하고 더 풍성히 얻게 하려는 것이라"(요한복음 10:10)

각 사람이 죄로 인해 죽었으나 소망이 있다는 것도 적었다.

"모든 사람이 죄를 범하였으매 하나님의 영광에 이르지 못하더니; 죄의 삯은 사망이요"(로마서 3:23, 6:23)

이어서 하나님께서 사람의 죄를 대속하시기 위해 가장 사랑하는 아들 예수 그리스도를 십자가에서 죽게 하셨다는 것을 적었다. 그분은 우리를 대신해서 죽으셨다.

"우리가 아직 죄인 되었을 때에 그리스도께서 우리를 위하여 죽으심으로 하나님께서 우리에 대한 자기의 사랑을 확증하셨느니라"(로마서 5:8)

하지만 그리스도는 죽음에서 다시 살아나셨다.

"그리스도께서 우리 죄를 위하여 죽으시고 장사 지낸 바 되셨다가 성경대로 사흘 만에 다시 살아나사 게바에게 보이시고 후에 열두 제자에게와 그 후에 오백여 형제에게 일시에 보이셨나니"(고린도전서 15:3-6)

예수님은 하나님께로 가는 유일한 길이다.

"예수께서 이르시되 내가 곧 길이요 진리요 생명이니 나로 말미암지 않고는 아버지께로 올 자가 없느니라"(요한복음 14:6)

여기까지 아는 것만으로는 충분하지 않았다. 각자가 예수 그리스도를 구주와 주인으로 영접해야 한다.

"영접하는 자 곧 그 이름을 믿는 자들에게는 하나님의 자녀가 되는 권세를 주셨으니"(요한복음 1:12)

우리는 믿음으로 예수님을 영접하지만, 그것 역시 하나님의 선물이다.

"너희는 그 은혜에 의하여 믿음으로 말미암아 구원을 받았으니 이것은 너희에게서 난 것이 아니요 하나님의 선물이라 행위에서 난 것이 아니니 이는 누구든지 자랑하지 못하게 함이라"(에베소서 2:8-9)

그리스도를 영접하려면 개인적으로 그분을 초청해야 한다. 이것은 자신을 하나님께 드리는 것이고, 그리스도께서 내 삶에 들어와 죄를 용서하시고 그분이 원하시는 사람으로 만들어 가는 것을 말한다.

"볼지어다 내가 문 밖에 서서 두드리노니 누구든지 내 음성을 듣고 문을 열면 내가 그에게로 들어가 그와 더불어 먹고 그는 나와 더불어 먹으리라"(요한계시록 3:20)

빌은 첫 페이지를 끝냈다. 잠시 앉아서 사회 빈곤층인 사람에게는 어떻게 이야기할 것인지 생각해 봤다. 그리고 다시 쓰기 시작했다. 시간이 흘렀고 빌은 펜을 내려놨다.

종이 2장을 나란히 놓고 비교하다가 빌이 눈을 깜빡였다. 놀랍게도 그 2장의 내용은 거의 같았다. 빌은 마케팅 전문가 친구의 말이 옳았다는 것을 깨달았다. 빌은 사람들에게 같은 메시지를 전하고 있었던 것이다.

'만약 그런 거라면 최대한 더 명백하게 만들어야겠어. 그리고 그 내용을 반복해서 말하면 더 효과적이겠지.'

****

빌은 '여러분의 삶을 향한 하나님의 계획'을 4가지 요점으로 정리했다. 그리고 오후에 그것을 CCC 간사에게 보여 주며, 예수님을 전할 때 사용하도록 했다. 간사들은 처음에 긴가민가했지만 이 '하나님의 계획'을 사용하여 복음을 전하자, 점점 많은 사람들이 반응하기 시작했다. 복음의 중요한 내용을 분명하게 정리해서 제시했기 때문이었다.

어느 날 저녁, 빌은 책상에 앉아서 '하나님의 계획'을 또 수정하고 있었다. 더 연관성이 있어야 했다. 빌은 이 내용을 어떻게 오늘 세대와 관련 지을 수 있을지 고민했다.

때마침 뉴스에 미국 과학자들이 우주에 관해 설명을 하는 장면이 나왔다. 당시 미국은 소련보다 무엇이든 앞서고 싶어 했다. 특히 그들은 소련보다 먼저 우주에 가기를 원했다. 그러다 보니 사람들의 관심사는 과학과 우주가 됐고, 일상 대화에도 과학 용어가 흔하게 등장했다.

"음, 저런 것들로 하나님을 이 세대에 소개하면 어떨까? 물리학자들은 이 세상을 다스리는 물리적 법칙에 관해 얘기하지. 그래, 바로 그거야!"

빌은 흥분해서 글을 쓰기 시작했다.

"이 세상을 다스리는 물리 법칙들이 있듯이, 하나님과의 관계를 다스리는 영적 원리들이 있습니다."

빌은 이 책자를 '4가지 영적인 원리(4영리)'라고 부르기로 했다. 이제 새로운 힘을 얻은 빌은 책자를 어떻게 구성할지 고민했다. 이 책자를 사람의 죄로 시작할지, 아니면 하나님의 사랑으로 시작해야 할지가 고민됐기 때문이다.

'사람은 죄인이니까 사람의 죄로 시작하면 어떨까? 하지만 사람은 죄인이라는 것을 다들 알고 있는데, 굳이 부정적으로 시작해야 할까? 차라리 하나님이 우리를 사랑하신다는 말로 시작하는 건 어떨까? 하지만 하나님이 모든 사람을 사랑하신다고 할 수 있을까? 하나님의 사랑이 온 우주에서 가장 중요한 영적 원리일까?'

빌은 자신의 경험과 신학교에서 훈련한 내용을 깊이 생각해 봤다. 하나님이 사랑하신다는 것은 그의 삶에서 확인할 수 있었다. 그는 하나님의 사랑에 이끌렸고, 그 사랑으로 하나님의 일을 하게 됐기 때문이다. 하나님의 사랑이 그가 죄인인 것을 깨닫게 했으며, 자기중심적이고 돈을 사랑하는 자신의 마음을 보게 했다. 그리고 빌은 하나님의 말씀을 공부하는 동안, 하나님은 죄로 가득한 우리를 사랑하신다는 말씀을 많이 봤다. 사도 바울 역시 그 어느 것도 우리를 하나님의 사랑에서 끊을 수 없다고 했다.

'그렇다. 이 메시지는 하나님의 사랑에서 시작해야 한다. 물론 사람은 죄인이라는 사실이 뒤에 바로 나오겠지만, 시작은 하나님의 사랑이다!'

빌은 보넷과 다른 이들에게 이 내용을 전했다. 엇갈린 반응이 있었고, 복음을 이런 식으로 전하는 것에 대해 망설이는 사람도 있었다. 하지만 빌은 결국 가장 위대한 복음은, 하나님께서 그들을 사랑하시고 그들을 향한 계획이 있으신 것이라고 생각했다. 빌은 자신의 삶에 나타난 이 진리가 다른 이들의 삶에서도 나타나리라는 것을 알고 있었다.

하나님께서 필요를 채우시다

빌이 사역을 시작한 지 어느덧 12년이 지났고, CCC는 45개의 캠퍼스에서 섬기는 154명의 간사로 구성돼 있었다. 사역이 커지다 보니 유지하는 데 많은 비용이 들었다. 게다가 간사에게 월급을 주기 위해서는 더 많은 재정이 필요했다.

빌은 먼저 무릎 꿇고 하나님을 찬양하기 시작했다. 하나님께서 모든 필요를 채우신다는 것을 알았기에, 그동안 돌봐 주신 것을 감사드렸다. 그리고 필요한 재정을 채워 주실 것과 새로운 간사 훈련을 위한 적당한 장소를 주시길 기도했다.

빌은 10년 전 보넷과 함께 서명한 계약서를 떠올렸다. 빌은 그들의 모든 필요를 채워 주시는 하나님을 의지하기로 했다.

사역을 처음 시작할 때, 사역에 드는 모든 비용은 그의 사업에서 충당했으나, 곧 사역의 규모가 급격히 커지면서 그의 사업이 감당할 수 있는 선을 넘었다. 그러다 보니 사역보다 사업에 더 많은 시간을 투자하게 됐다.

'하나님께서는 다른 계획이 있으신 걸까?'

빌은 기도하면서 그동안 배운 가치에 대해 생각해 봤다. 첫 번째 가치는 공동체가 서로를 돌본다는 것이다. 이웃은 서로 돌보며 자원을 공유한다.

두 번째 가치는 모든 사람이 동등하다는 것이다. 서로 존경해야 했고, 누구도 다른 이보다 낫지 않았다.

빌의 머릿속에 또 하나의 계획이 떠오르고 있었다. 그는 이 사회에 혁신적인 제안을 할 참이었다.

****

"저는 각 간사가 사역을 위해 스스로 후원금을 모을 것을 제안합니다. 많은 간사가 이미 사역의 최전방에서 가족과 친구 그리고 모교회에서 기도 후원자들을 두고 있는 상황입니다.

그들은 그 기도 후원자들에게 사역에 대해 보고하는 편지를 쓰고 있습니다. 먼저 이사회와 CCC 지도부에서 월급을 어느 정도 책정해 주셨으면 좋겠습니다.

현재 간사들은 각기 다른 상황에 처해 있습니다. 그러므로 각자의 상황에 따라 후원금을 모을 필요가 있다고 생각합니다. 제가 꿈꾸는 CCC는 모두가 함께 필요를 채우는 공동체이고, 그런 공동체의 후원을 받는 CCC입니다.

어느 누구도 다른 사람보다 나은 사람은 없습니다. 보넷과 저는 주님 앞에서 물질주의를 포기하는 계약서에 서명한 바 있습니다. 그렇기에 보넷과 저 역시 다른 사람들과 마찬가지로 후원금을 모을 것입니다. 여러분이 공평하다고 생각해서 정하는 기준에 맞출 것이며, 다른 기혼 간사와 같은 금액을 받을 것입니다."

이사회는 빌의 후원금에 대한 계획을 승인했다. 그 후로 간사가 되는 모든 사람은 후원금 모금을 위한 훈련을 받았다. 이 결정은 그들이 더욱 하나가 되는 계기가 됐다. 왜냐하면 하나님이 필요를 채워 주시기를 기도하며 의지해야 했기 때문이다.

****

어느 날, 서류를 정리하던 빌이 미소를 지었다. 약 7년 전, 미네소타에 있는 6천 평 규모의 땅이 CCC에 수련회 장소로 기부됐다. 60여 명의 간사를 훈련하기에 적합한 장소였다. 곧 예배당을 짓고 훈련하기 시작했으나, 간사 수가 크게 늘어서 공간이 턱없이 부족해졌고 더 큰 곳으로 이동해야 하는 상황이 됐다. 그들은 어김없이 기도하기 시작했다.

얼마 후, 빌은 로스앤젤레스에서 사업하는 친구 조지George로부터 전화를 받았다.

"빌, 방금 나온 매물이 뭔지 알아? 샌버너디노에 있는 애로헤드 스프링스 호텔과 온천이야. 그것도 완전히 할인된 가격에! 빨리 가서 알아봐!"

빌은 그의 비서에게 바로 그 건물에 관해 알아보게 했다. 어떤 일이든 매우 조심스럽게 처리하던 비서는 이 건물의 구매에 긍정적이었다.

빌은 직접 가서 건물을 살펴보기로 했다. 호텔은 도시를 한참 벗어나 구불구불한 언덕길을 지나서야 모습을 드러냈다.

외진 장소라는 사실이 빌의 마음을 끌었고, 경치도 훌륭했다. 건물 관리인이 내부를 구경시켜 주겠다고 했다. 빌은 고개를 끄덕이며 이 장소가 사역을 감당하기에 충분한지 생각했다.

애로헤드 스프링스는 약 220만 평이었고, 저명인사를 위해 지어진 방이 136개였다. 10개의 단층 숙소가 있었으며, 수백 명을 수용할 수 있는 기숙사도 따로 있었다. 700명까지 수용하는 강당과 여가를 위한 건물, 4개의 테니스장, 마구간 그리고 2개의 수영장까지 갖추고 있었다. 건물은 매우 잘 관리되고 있었다.

"원래 가치는 670만 달러지만, 현재 가격은 200만 달러야. 진짜 좋은 기회야, 빌."

조지가 빌에게 속삭였다.

빌은 잠시 혼자 있겠다고 했다. 기도가 필요했기 때문이다. 빌은 호텔로 다시 들어왔다. 그리고 그가 본 모든 것에 가슴 벅차하며 고개를 숙이고 기도했다.

"주님, 가장 좋은 곳을 위해 기도해 왔고 새로운 장소로 인도해 주시길 기도했습니다. 만약 이곳이 그곳이라면 어떻게 200만 달러를 모아야 할까요? 그건 불가능해 보입니다. 하지만 주님께서 이곳으로 인도하셨다고 느낍니다. 어떻게 하면 확신할 수 있을까요?”

그러자 하나님께서 곧바로 그의 마음에 말씀하시는 것 같았다. 빌은 하나님께서 CCC를 위해 이곳을 준비해 두고 계셨다고 느꼈다.

“알겠습니다. 이곳을 어떻게 주실지 모르겠지만, 주님은 하실 수 있다는 것을 압니다. 이 선물을 주셔서 감사합니다. 주님의 이름으로, 그리고 주님의 영광을 위해 이곳을 취합니다.”

빌은 언덕을 내려가며 CCC가 언젠가는 이 아름다운 곳을 차지하게 될 것이라고 확신했다. 이 일에 대해 생각하면 할수록 그는 하나님께서 200만 달러를 주시기 위한 계획을 이미 세우셨다는 확신이 들었다.

그러나 빌은 사람들에게 애로헤드 스프링스에 투자해 달라는 편지는 쓰지 않기로 했다. 대신 간사들과 함께 하나님께 기도했다. 그들은 하나님께서 주기 원하신다면 필요한 재정도 주실 것이라 믿으며, 하나님께서 CCC를 위해 기적적으로 일하시길 기도했다. 그들이 기도하며 기다리는 동안 어떤 이들은 무모하다고 생각했고, 다른 이들은 돕겠다고 했다. 계약 당일이 되어 빌은 보증금 1만5천 달러와 계약금 13만 달러에 계약하고, 30일 안에 나머지 금액을 주겠다고 제안했다. 땅 주인이 그의 제안을 받아들이자 빌은 몹시 흥분됐다.

"아무것도 없는데 200만 달러짜리 땅을 사게 됐어! 이건 지금까지 해 왔던 일 중에서 가장 큰 믿음의 발자국이야!"

빌이 친구에게 말했다.

물론 1만5천 달러는 빌려야 했고, 계약금 13만 달러 역시 CCC 재정으로는 부족했다. 하지만 CCC에서 일정 금액을 모으면 나머지는 사업가들이 돕겠다는 연락이 왔고, 이를 통해 빌과 보넷은 애로헤드 스프링스를 위한 모든 재정이 놀랍게 채워지는 것을 보게 됐다. 비용을 마련하는 동안 많은 도전과 어려움이 있었지만, 빌은 그때마다 좌절하지 않았다. 오히려 말씀들로 위로받고, 하나님의 은혜로 모두 이겨낼 수 있었다.

"우리가 알거니와 하나님을 사랑하는 자 곧 그의 뜻대로 부르심을 입은 자들에게는 모든 것이 합력하여 선을 이루느니라"(로마서 8:28)

"믿음이 없이는 하나님을 기쁘시게 하지 못하나니"(히브리서 11:6)

"의인은 믿음으로 살리라"(갈라디아서 3:11)

유난히 힘들었던 어느 날 밤, 빌이 보넷에게 말했다.

"이 모든 일 중에서 가장 큰 교훈이 뭔지 알아? 오늘 깨달은 사실인데, 내가 하나님을 신뢰한다는 것을 보여 주는 가장 좋은 방법은 '감사합니다'라고 하는 거야. 성경에 나와 있듯이 말이야."

"범사에 감사하라 이것이 그리스도 예수 안에서 너희를 향하신 하나님의 뜻이니라"(데살로니가전서 5:18)

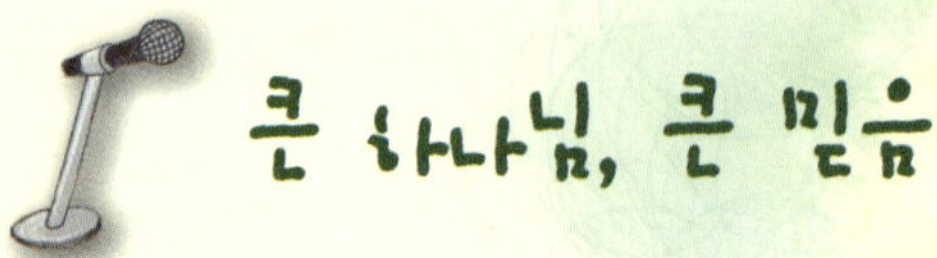

큰 하나님, 큰 믿음

가벼운 열대지방 셔츠를 걸친 빌은 아시아와 태평양 섬나라에서 온 60여 명의 간사 앞에서 기도를 시작했다. 조용히 기도를 끝낸 빌은 복음을 위해 깊은 고통을 감내한 간사들 앞에 서 있었다.

어떤 이는 매를 맞았고, 체포당하거나 감옥에 갇힌 사람도 있었다. 빌은 이들이 계속 전진하도록 격려하고 싶었고, 그들이 믿음을 굳건히 할 수 있도록 돕고 싶었다.

"하루는 누가 제게 물었습니다. 새로운 성도에게 단 한 가지를 가르칠 수 있다면 무엇을 가르치겠냐는 것이었습니다. 이건 정말 중요한 질문입니다. 저는 그가 하나님의 속성에 대해 알기 원한다는 것을 깨달았습니다. 왜 우리는 사람들에게 하나님의 위대하심을 가르쳐야 하나요? 왜냐하면 기독교인의 삶이란 믿음의 걸음이기 때문입니다. 우리의 믿음은 대상이 있어야 합니다. 영적으로 약해지지 않으려면 하나님이 어떤 분이신지 이해해야 합니다. 우리가 하나님을 올바로 바라볼 때, 그리스도의 복음을 온 세계에 전할 수 있습니다."

빌은 잠시 멈췄다. 하나님을 의지하는 것은 매우 중요한 문제였다. 빌은 지난 30년간 하나님께서 어떻게 그것을 가르쳐 주셨는지 잠시 생각했다. 빌은 성령님께서 역사하실 수 있도록 모든 것을 하나님께 의지해야 한다는 것을 깨달았다.

****

자신을 바라보는 간사들의 지친 얼굴을 보면서 지난 1967년에 있었던 일이 떠올랐다. 당시 몇 명의 이사가 그를 만나자고 요청했으며, 몇 가지 문제를 빌 앞에서 읽었다.

먼저 빌이 결정을 내릴 때 이사회와 논의하지 않는다는 점이었다. 또 하나는 캠퍼스 사역에만 주력한 나머지 다른 영역에는 신경을 쓰지 않는다는 점이었다. 그들은 설교가로서 그리고 선생으로서 빌의 자질을 비판했다. 신학적인 부분에서도 빌이 회개하는 것에만 치우치는 것을 걱정했다. 이사 중 한 사람은 빌이 CCC 대표 자리에서 물러나야 한다고 말했다.

빌은 그의 말을 들으면서 속으로 침착하게 기도했다. 그리고 깊게 숨을 들이쉬고는 조용히 말했다.

“이 문제들에 대해 여러분을 실망시켜 죄송합니다. 사람들은 모두 자신이 보지 못하는 부분이 있기 마련이기에 저 역시 예외는 아닙니다. 하지만 이 단체는 저와 보넷에게 하나님께서 주신 비전으로 시작한 것입니다. 저는 내려서지 않겠습니다. 하나님께서 저에게 이 비전을 주셨고, 저는 변함없이 충성할 것입니다.”

회의를 마친 후, 빌은 문을 닫고 무릎을 꿇었다. 그리고는 울기 시작했다. 큰 배신감을 느낀 빌은 하나님께 마음을 쏟아내기 시작했다. 빌은 기도하면서 결국 하나님께 맡기는 수밖에 없다는 것을 깨달았다.

다음 며칠 동안 빌은 보넷과 함께 존경받는 사역자들을 만났고, CCC 이사회와도 대화를 나눴다. 그리고 그들의 진솔한 대답을 들으며, 문제를 해결해 나가고 용서를 구했다. 그러면서 빌은 믿음으로 사랑하는 법과 그를 비판했던 이들까지 사랑하는 법을 배우고 있음을 깨달았다.

이후 6명의 리더가 CCC를 떠났다. 하지만 그 이듬해 여름에는 그 어느 때보다 많은 600명이나 되는 간사가 세계 각지에서 훈련받으러 모여들었다. 하나님께서는 여전히 CCC와 함께 계셨다. 빌은 이 모든 상황을 통해 하나님은 언제나 거룩하시고, 모든 것을 다스리는 분이심을 다시 한 번 고백했다.

****

CCC가 세워진 지 2년이 지난 지금, 빌은 이 세대가 전 세계에 복음을 전할 수 있을 거라는 믿음을 보이기 원했다. 그래서 모든 편지에 다음과 같이 서명하기 시작했다.

우리 세대에 지상 명령을 성취하기 위해

빌은 하나님께서 하실 것을 믿었다. 그가 할 일은 충성스럽

게 일하고 하나님을 신뢰하는 것이었다. 회상을 마치고 다시 현실로 돌아온 빌은 그의 앞에 있는 60여 명의 간사를 바라보며 격려의 말로 마무리 지었다.

"하나님의 영광을 위해 우리가 할 수 없는 것은 없습니다. 우리의 마음과 의도가 순수하다면 그리고 하나님의 말씀에 따른 것이라면, 하나님께서는 우리의 기도를 들으십니다. 하나님은 우리가 구하거나 생각하는 것 이상을 하실 수 있습니다."

****

그날 오후 빌과 보넷은 '엑스플로74' 집회를 위해 한국행 비행기에 오르며 추억들을 떠올렸다. 1960년대, CCC는 캘리포니아 대학교 버클리 캠퍼스에서 27만 명이나 되는 학생들을 복음화하려는 목표가 있었다. CCC 학생들은 사역에 앞서 열심히 기도하고, 전략을 세웠다. 그리고 빌리 그레이엄 목사님의 예수님 이야기가 펼쳐지는 야외집회에 수백 명이 참여했고, 예수님을 믿게 됐다.

빌은 이 집회를 통해 '수천 명의 기독교인을 한꺼번에 훈련하면 어떨까'라는 생각을 하게 됐다. 그리고 텍사스 주의 댈러스 지역에서 실험해 보기로 했다. 그는 간사들과 댈러스 관계자들과 함께 오랫동안 계획을 세웠고, 1972년 봄에 '엑스플로72'를 열었다. 이곳에 참여하기 위해 미국 전역과 전 세계에서 85만 명의 학생과 평신도가 텍사스 코튼볼 경기장으로 모였다. 굉장히 놀라운 광경이었다.

폐막식에서는 이번 집회에서 큰 감동을 받은 한국 CCC 김준곤 대표가 2년 뒤에 서울에서 열릴 집회에 초청했다.

"30만 명이 여러분과 함께할 것입니다!"

그가 담대하게 외쳤다.

그다음 2년 동안 김 대표는 세세한 부분까지 준비하며 바쁘게 보냈다. 한국 CCC 간사들은 이 집회를 위해 정부의 허가를 받고, 1만2천여 한국 교회의 참여를 이끌어 냈다.

'엑스플로74'가 열리기 전날 밤, 빌은 비행기를 타고 한국에 도착했다. 그리고 빌리 그레이엄과 김준곤 대표와 함께 16만 명이 함께하는 철야 기도회에 참여했다. 1974년 8월 13일부

터 18일까지 서울 여의도 광장에서 열린 '엑스플로74' 는 역사상 가장 큰 규모의 전도훈련 모임이었다. 이날 모인 관중은 약 33만 명으로, 한국의 고등학생과 대학생, 평신도와 목회자가 예수님을 전하는 방법을 배우기 위해 모였다.

그 이듬해 30만 명이 넘는 한국인이 전국 방방곡곡에 복음을 전했고, 2000년 즈음에는 한국 인구의 20%가 자신을 기독교인이라고 고백했다. 1974년의 기독교인 비율이 불과 10%였던 점을 생각하면 정말 큰 일이 터진 거였다(퍼센트 비율은 편집자가 실제 상황을 고려하여 조정함).

****

빌이 한국을 떠날 때, 그는 김 대표가 한국을 복음화한 것처럼 자신도 미국을 복음화하고 싶었다. 그러기 위해서는 265개의 미국 대도시에서 대규모 선교활동이 필요했다. 이젠 할 수 있느냐의 문제가 아니라 어떻게 하느냐의 문제였다.

그때 빌의 곁에는 스티브 더글러스Steve Douglass가 함께 있었다. 빌은 계획을 제시했고, 그들은 '미국이여, 이것이 삶이다'라는 제목과 '찾았다!'라는 주제로 집회를 열 계획을 세웠다. 이것은 곧 라디오 광고와 배지, 전단지로 만들어져 전국으로 퍼져 나갔다. 목회자들은 각자의 지역에서 캠페인을 벌였고, 마음에 감동을 받은 자원봉사자들은 자발적으로 참여하기 시작했다. 마침내 집회가 열린 날, 246개의 도시가 이 집회에 참여하고 수백만 명이 예수님의 복음을 듣게 됐다. 그 누구도 예상하지 못했던 장면이었고, 빌에게는 큰 감동으로 온 순간이었다.

****

빌의 여러 계획 중에서 이뤄지는 데 오랜 시간이 걸린 사역도 있는데, 그중 하나는 예수님에 대한 영화 제작이었다. 빌은 20년이나 기다려야 했지만, 하나님께서 신호를 주실 때까지 기다렸다. 빌이 오래 기다리는 동안 하나님께서는 퍼즐 조각을 모으고 계셨다.

존 헤이먼 John Heyman은 성공한 영화제작자였다. 그의 성공작으로는 「그리스」, 「차이나타운」, 「토요일 밤의 열기」 등이 있었다. 하지만 이런 큰 성공에도 불구하고 존은 아이처럼 행동하는 배우들과 영화계를 주도하는 사람들의 탐욕에 지쳐 있었다.

그는 분명 뭔가가 더 있을 거라고 생각했다. 그러다 우연히 성경을 읽게 된 그는 곧 성경의 내용을 영화로 담아내야겠다는 영감을 얻었다. 특히 창세기 22장을 매우 세세하게 그렸다. 그런 다음 누가복음의 예수님 이야기를 담아내려고 하자, 더 이상 제작비가 없다는 것을 깨달았다. 그는 돈을 어디서 구할 수 있을지 생각하며 전화 수화기를 들었다.

몇 시간 뒤, 빌은 활짝 웃으며 전화를 끊었다. 방금 통화한 사람은 다름 아닌 젊은 할리우드 영화제작자 존이었다. 빌은 감사함으로 가득 차서 무릎을 꿇었다. 하나님께서 그의 오랜 기도에 응답하신 것이다. 드디어 예수님의 삶을 영화로 만들려는 사람이 나타났다.

빌은 존을 위해서 기도했고, 총책임을 지게 될 사람을 위해 기도했다. 기도를 마치고 일어나면서 빌은 누구를 책임자로 정해야 할지 알 것 같았다. 그는 바로 폴 에슐레이먼Paul Eschleman이었다. 폴은 '엑스플로72'의 책임자였고, 그 임무를 매우 잘 해냈었다.

****

빌은 하나님께서 영화를 통해 일하신 것을 다시 생각해 봤다. 대본은 누가복음을 바탕으로 매우 신중하게 썼고, 450여 명의 기독교계 지도자에게 보내서 감수를 받았다. 배우들을 뽑고, 이스라엘에서의 촬영장소도 물색했다. 미국 내 영화 배급에 대한 계획도 논의했다. 하지만 무엇보다도 제작비가 필요했다.

때마침 열린 전도 프로젝트를 위한 주말 모금행사에 빌은 존을 초청했다. 미국 전역에서 기독교 사업가들이 모이는 자리였기 때문이다. 존은 모인 이들에게 자신이 어떻게 하나님의 아들인 예수 그리스도를 만났는지를 조용하고 진솔하게 설명했다. 존의 이런 솔직한 간증에 많은 사람의 마음이 움직였다.

특히 한 여성의 마음이 움직였는데, 그녀는 자신의 남편과 함께 빌에게 다가와서 영화 제작을 위해 3백만 달러를 기부하겠다고 말했다.

「예수」 영화가 극장에 상영되기도 전에 하나님께서는 이 영화를 통해 배우들과 제작자들 그리고 워너브라더스 대표까지 당신에게로 이끄셨다. 빌의 아이디어에서 시작했지만, 하나님께서 당신의 영광을 위해 이 일을 사용하셨다.

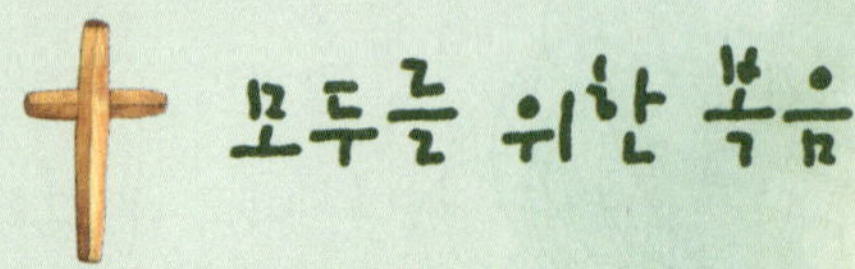

모두를 위한 복음

1990년대 중반, 모비 경기장은 활력이 넘쳤다. 빌은 커튼을 살짝 걷어 건너편을 봤다. 단정한 차림새의 청년들이 몰려와서 관람석에 자리를 잡았고, 젊은 엄마들은 유모차를 끌고 벽 쪽에 서 있었다. 찬양팀이 무대 위로 올라섰다. 이번 행사의 인도자인 밥 호너가 그곳에 모인 5천여 명을 환영하며, 다 함께 일어나서 하나님을 찬양하자고 말했다.

빌은 양복에 넥타이 차림이었고, 양복 윗주머니에는 하얀 손수건이 꽂혀 있었다. 빌은 커튼을 걷으며, 축제에 어울리는 붉은 옷을 차려입은 보넷과 함께 무대 앞자리로 이동했다.

그는 잠시 강당을 둘러보며 '하나님이 하신 일은 정말 놀라워'라고 생각했다. 그리고 눈을 감고 위대하신 하나님을 찬양하는 5천여 명의 화음을 함께했다. 빌은 이 시간이 참 좋았다. 그는 예배를 사랑했고, 하나님이 하신 일들을 나누는 것을 정말 좋아했다. 사람들로 가득 찬 이곳이야말로 그의 비전이 하나님으로부터 왔다는 것을 증명하고 있었다.

잠시 후, 밥의 소개로 빌과 보넷이 무대에 올라왔다. 빌은 이렇게 외쳤다.

"그 누구와도 비할 데 없는 우리 구주 예수 그리스도의 이름으로 인사합니다!"

그러자 경기장에 환호 소리가 울려 퍼졌다. 빌과 보넷은 수년 전에 자신의 삶과 가정에서 일어난 일들을 얘기하기 시작했다. 그리고 보넷이 지난 2년에 대해 말하기 시작하자 빌이 옆에서 재치 있게 말을 덧붙였다. 곳곳에서 웃음이 터져 나왔다. 빌과 보넷이 주고받는 이야기는 마치 집에서 가족들이 대화하는 것처럼 매우 생생했다.

빌과 보넷의 이야기가 끝나고, CCC의 고등학생 사역 집회에 참석했던 학생들의 인터뷰가 이어졌다.

"정말 멋진 경기도 있었고요, 밴드도 진짜 멋졌어요! 그리고 조쉬 맥도웰 Josh McDowell 선생님도 멋졌어요. 그분은 하나님의 성품에 따라 올바른 결정을 내리는 법에 대해 알려줬어요."

빌이 미소 지었다. 고등학생 사역 간사인 조쉬 맥도웰과 음악 사역을 하는 밴드 역시 그와 같은 열정을 갖고 있었다. 그들은 사랑으로 학생들을 예수님께 인도하고 있었다.

밥은 다음 순서로 넘어갔다.

"여러분도 알다시피 하나님께서는 계속 일하고 계세요. 지난 2년간 CCC를 통해 엄청난 일들을 하셨는데, 그 이야기를 더 들어봅시다."

****

조명이 꺼졌다. 빌은 왼쪽 화면을 바라봤다. 뉴욕의 건물들이 나타나자, 빌은 뉴욕의 어느 사역지일지 궁금했다. 그리고 얼마 후 화면에 나온 간사를 알아본 빌은 미소 지었다.

CCC에는 '이것이 삶이다'라는 도심 사역이 있다. 이 사역은 음식과 옷이 필요한 사람들을 대상으로 이뤄지는 것이었다.

화면에는 추수감사절에 이 사역으로 수천 가구가 필요한 음식들을 제공받는 모습이 나타났다. 예수님의 이름으로 음식과 친절한 도움을 받게 된 이들의 얼굴은 놀라움으로 가득했다.

화면은 다시 어두워졌다. 환호와 박수 소리가 경기장을 가득 채웠고, 이번에는 화면에 젊은 여성 운동선수가 나타났다.

"안녕하세요! 제 이름은 던 버튼Dawn Burton입니다. 저는 녹스빌에 있는 테네시 대학에 다니고 있어요. 작년에 동남부지역 다이빙 대회에서 1등을 했죠. 그때 '행동하는 체육인'이라는 단체에서 CCC 간사인 켈리 이슨Kelly Eason을 만났어요. 켈리는 제가 하나님의 사역에 동참할 수 있도록 도왔죠. 저는 어릴 때부터 기독교인이었지만, 켈리를 통해 이제야 다른 체육인들에게 예수님을 전하고 있어요. 다이빙하는 것은 제 삶의 일부일 뿐이에요. 저는 제 전부를 예수님께 드리고 싶어요."

****

그런데 갑자기 시끄러운 경적이 울려댔다. 화면에서는 타임스퀘어를 바쁘게 지나가는 뉴욕 택시의 영상이 나타났다. 경적 소리가 사라지며 키가 큰 무용수가 나왔다. 강당은 환호로 가득했다. 빌은 웃으며 생각했다. 배우들과 무용수 그리고 가수들이 예수님을 만나고 있다는 사실을.

"안녕하세요! 체릴 커틀립 Chery Cutlip입니다. 저는 기독교인이며, 로켓 무용단 소속이에요. 뉴욕에서 무용을 전문으로 한다는 것은 그렇게 화려하지 않아요. 하루에 6번의 무대에 올라야 했고, 크리스마스 무대만 200번 섰어요. 이러한 긴 공연 시간과 부족한 잠은 제게 동기부여가 되지 않았어요. 대신 예수님이 삶의 동기가 됐어요. 그러다 얼마 전 론다 Rhonda라는 무용수에게 4영리를 전해 듣고 예수님을 만나게 됐어요. 이제 저는 이 무용단을 향한 큰 꿈이 생겼어요. 이 무용단이 예수님의 증인이 될 날을 기다려요. 그동안 저는 계속해서 이곳 뉴욕에서 그리스도의 빛을 밝게 비출 거예요."

화면이 어두워지고 밥이 다시 무대 위로 올라왔다. 그는 사뭇 진지한 모습으로 말했다.

"우리는 2년 전에 보스턴 캠퍼스에 있는 간

사에게 한 청년을 소개받았습니다. 그는 스티브 소여Steve Sawyer로, 뉴햄프셔 출신이었고 대학생 때 예수님을 만난 청년입니다. 스티브는 혈우병 환자였습니다. 그는 1980년대에 수혈을 받았는데, 얼마 지나지 않아 HIV(인체 면역결핍 바이러스)에 감염됐다는 사실을 알게 됐습니다. 곧 에이즈로 발전하게 될 것이었죠. 그때 스티브는 자신의 마지막 남은 삶을 통해 사람들에게 예수님을 전할 수 있도록 도와 달라고 했습니다. 그리고 이제 스티브가 여러분의 캠퍼스에 초청됐습니다. 이것이 하나님이 스티브를 사용하신 이야기입니다."

화면에 얼굴이 잡힌 스티브가 말했다.

"처음에 저는 하나님을 원망했습니다. 하지만 차츰 제 남은 삶이 그리스도를 위해 영향을 끼치게 되길 원했습니다. 그리고 저는 정말로 전 세계에 있는 100여 개의 대학을 방문하고 수천 명의 학생에게 예수님과의 관계에 대해 전할 수 있었습니다. 이런 기회를 주신 하나님께 감사합니다."

그가 조용히 말을 마쳤다. 빌이 눈물을 훔쳤다. 모두가 이 청년의 용기와 죽음 앞에서 보여 주는 태도에 감동받았다.

갑자기 밥 호너가 관중석에서 말했다.

"여러분에게 스티브를 소개하겠습니다."

빌은 옆에 앉은 야윈 청년을 바라봤다. 그는 청바지에 티셔츠를 걸치고 있었으며, 소개받을 때 미소를 지었다. 빌은 손수건을 꺼내 눈물을 닦았다. 경기장은 감동으로 가득했다. 자연스레 간사들이 모두 일어나 박수를 쳤다. 박수 소리가 잦아들자 밥이 스티브에게 근황을 물었다.

"글쎄요, 의학에 따르면 전 이미 죽은 몸입니다. 하지만 제게 2년간 있었던 일은 정말 놀라웠어요! 수천 명에게 예수님에 대해 전할 기회가 있었으니까요. 그거 아세요? 만약 이 죽음의 병으로 인해 단 한 사람이라도 예수님과 인격적인 관계를 맺을 수 있다면, 그것은 충분히 가치 있는 일입니다. 하지만 오해하지는 마세요. 저도 힘든 순간들이 있어요. 때로는 발목이 너무 부어서 일어설 수조차 없는 날들이 있고, 고열에 시달릴 때도 있어요. 그렇지만 영원을 앞둔 상황에서, 제게는 하나님을 전하는 일이 가장 중요합니다."

고요함 속에 그 말이 울렸다. 빌이 보넷의 손을 꼭 잡았고 보넷이 고개를 끄덕였다. 스티브 역시 빌과 보넷이 그랬던 것처럼 하나님과 계약을 맺었던 것이다.

밥은 스티브를 위해 기도했다. 그리고 손을 흔들며 이렇게 말했다.

"오늘 우리는 정말 놀라운 이야기들을 들었습니다! 50년 전, 단 하나의 캠퍼스에서 시작해서 참 많은 발전이 있었습니다. 우리에겐 고등학생들, 도심에서 사역하는 간사들, 운동선수, 로켓 무용수 그리고 그리스도 때문에 엄청난 용기로 죽음에 맞서는 대학생까지 함께하고 있습니다. 복음은 모든 사람을 위한 것입니다!"

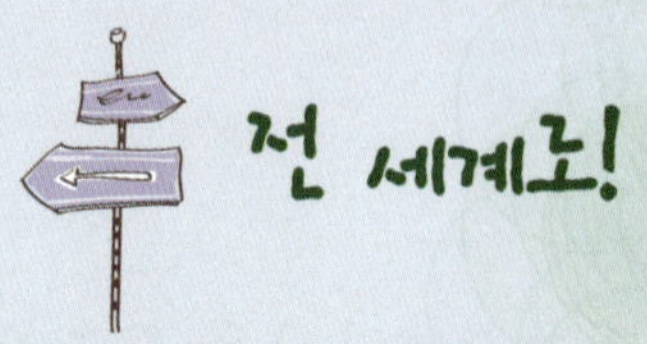

전 세계로!

빌은 강대상에 서서 청중을 바라봤다. 이들은 모스크바에서 가장 영향력 있는 사람들이었고, 소련 최고 장관 11명 중 9명이 그 자리에 참석해 있었다. 폴 에슐레이먼이 「예수」 영화 소개를 위해 빌을 초청했고, 그날은 영화 개봉일이었다.

좌석은 준비된 1,800석이 모두 팔렸고, 기획사에서는 다음날 재상영을 계획해야 했다. 빌의 인생에서 가장 위대한 순간 중 하나였다. 빌은 머릿속으로 1947년을 떠올렸다.

****

빌은 미어즈 선생님과 콘퍼런스 참석을 위해 포레스트 홈에 있었다. 미어즈 선생님은 오스왈드 스미스Dr. Oswald J. Smith라는 유명한 캐나다 출신 부흥사를 초청했는데, 그는 강당 앞쪽에 커다란 세계지도를 붙였다. 그리고 어떻게 그리스도를 위해 세계에 복음을 뿌릴 수 있을지 고민해 보자고 했다.

그는 말을 마치며 세계지도 쪽으로 걸어갔다. 그리고 각 사람에게 그리스도를 위해 세계 어느 지역으로 갈 것인지 하나님께 묻도록 초청했다. 그는 청년들에게 펜을 나눠 주며 말했다.

"여러분이 기도하면서 마음이 끌리는 지역에 자신의 이름을 쓰십시오."

빌은 자리에서 일어나 지도를 향해 걸어갔다. 볼펜을 쥐고는 자신의 이름을 소련 위에 적었다. 그날 이후로 빌은 소련 지역이 예수님의 사랑을 알게 해 달라고 기도했다.

빌은 1980년대 후반의 소련도 생각났다. 당시 빌은 CCC 간사들과 함께 과연 소련이 복음을 받아들일 수 있을지를 조사했다. 조금은 희망이 보이는 듯했으나, 그 문은 여전히 굳게 닫혀 있었다. 폴이 소련에서의「예수」영화 상영을 위해 노력했으나 공산당이 철저히 막았다. 그럼에도 불구하고 빌과 보넷은 계속해서 소련의 복음화를 위해 기도했다.

****

빌은 수많은 관중을 바라보며 이제 그 기도가 응답됐다고 생각했다. 빌은 미국인으로서가 아닌 기독교인으로서 그들을 환영했고, 그가 40년 동안 소련을 위해 기도해 왔음을 알렸다. 빌의 이 말에 곳곳에서 환호와 박수가 터져 나왔다. 빌의 표정과 말에서 그들을 향한 진심이 전해지고 있었다.

드디어 영화가 시작됐고, 빌은 뒤에서 조용히 기도했다. 그리스도를 알지 못하는 이들의 구원을 위해서였다. 그리고 지난 70년간 무신론과 공산주의로 황폐해진 이 나라에 예수님의 삶을 담은 이 영화가 소망이 되기를 기도했다. 그런데 영화가 상영되는 중에 10명이 넘는 이들이 자리를 떠났다. 빌은 남은 이들을 위해 끝까지 기도했다. 영화가 끝나면서 예수 그리스도와 관계를 맺는 초청이 있었고, 마지막 자막이 올라가자 관객 몇몇만이 박수를 쳤다. 빌은 다소 억제된 박수 소리에 걱정이 됐다.

폴은 곁에 앉은 소련 여배우에게 영화가 어땠는지 물었다.

"정말 좋았어요! 다들 그렇게 생각해요."

"그럼 왜 이렇게 반응이 조용하죠?"

"당신은 소련 사람들을 이해하지 못하는 것 같네요. 관객들은 영화에 압도됐어요. 그들은 하나님에 대한 영화를 본 적이 없었기에 아마도 여러 생각이 들었을 거예요. 저 역시 그랬고요."

영화가 끝난 후, 빌은 그녀의 말이 사실임을 확인할 수 있었다. 영화 관객들과 대화하는 자리에서 본 많은 소련인들의 눈에는 눈물이 고여 있었기 때문이다. 하지만 그들에게는 이 모든 것이 새로웠고, 70년간 계속된 두려움 때문에 열광적으로 반응할 수 없었던 것이다.

빌은 숙소로 돌아가면서 하나님께 감사드렸다. 이번 일은 소련을 향한 하나님의 계획의 시작임을 느낄 수 있었다.

****

빌이 소련에 예수님을 전한 일은 이번이 처음은 아니었다. 빌은 1989년에 모스크바를 방문했던 기억을 떠올렸다.

당시 빌은 같은 호텔에 묵던 소련의 과학자들과 저녁 식사를 함께 했었다. 빌은 식사를 하면서 자신의 사명은 모든 사람이 예수님을 개인적으로 알 수 있도록 기회를 주는 것이며, 그 사명이 지금까지 어떻게 이뤄지고 있는지를 설명했다. 그러자 과학자 중 한 사람이 소련 사람들에게 예수님을 전하는 일에도 관심이 있는지 물었으며, 이를 위해 소련 방송에도 출연할 의사가 있는지 물었다. 빌은 대답했다.

"당연하죠!"

다음 날 아침 9시, 빌은 소련의 지역 방송국 뉴스 특집에 출연했다. 인터뷰 진행자는 지금 소련과 미국 대통령이 정상회담 중이라고 말하며, 빌에게 부시 미국 대통령이 이 회담에 대해 어떻게 생각하는지를 물었다. 불과 며칠 전 백악관에서 지냈던 빌은 자신이 겪어 본 바에 따르면 부시 대통령은 성경을 읽으며 기도하는 분이었다고 말했다.

빌의 이 말에 진행자는 자세를 고쳐 앉았다. 빌과 미국 대통령 사이의 친밀한 관계로 인해 인터뷰의 분위기가 완전히 달라졌다. 진행자는 빌에게 질문을 퍼붓기 시작했다. 그리고 인터뷰가 끝난 뒤에 빌에게 인터뷰가 처음 기획과는 다르게 편집될 것이라고 했다.

빌의 인터뷰 내용은 며칠 뒤에 방송됐다. 고르바초프 소련 대통령과 부시 미국 대통령 그리고 빌을 다루는 내용이었다. 이 방송을 통해 약 1억5천만 명의 소련 인구가 빌이 말하는 하나님과 예수 그리스도, 믿음과 기도와 성경 그리고 「예수」 영화에 대해 듣게 됐다.

그 외에도 빌은 모스크바 의회 건물에서 부활절을 맞이하여 많은 사람들에게 예수 그리스도를 전하기도 했다. 그 강연도 방송이 되어 널리 퍼지게 됐다. 빌은 그 기억들을 되새기며 미소 지었다.

'참 좋은 추억들이야.' 빌이 생각했다. 이번 소련 방문으로 또 어떤 좋은 추억이 생길지 궁금했다.

****

갑자기 폴이 빌에게 서둘러 다가왔다. 그의 얼굴은 흥분으로 가득했고, 빌에게 뭔가 전할 말이 있는 것처럼 보였다. 그내용은 바로 소련 교육부장관이 CCC

가 후원한다는 조건으로 「예수」 영화를 4만3천여 학교에서 상영할 기회를 주겠다는 내용이었다. 폴은 학생들에게 영화를 보여 줄 선생님들을 훈련할 수 있고, 그 선생님들을 통해 아이들에게 기독교에 대해서 가르칠 수 있을 것이라며 기뻐했다.

빌 역시 흥분을 감출 수 없었다. 40년간 소련을 위해 해 왔던 기도가 극적으로 응답되는 순간이었다. 빌은 보넷과 상의한 후, 이 일을 위해 그들의 퇴직금에서 5만 달러를 후원하기로 결정했다. 이보다 더 좋은 투자는 없었다.

폴과 간사들이 학교에서 영화를 상영하는 사역을 끝내 갈 무렵, 소련이 개방되면서 그들이 기대한 것 이상으로 많은 기회가 생기고 있었다. 수천 명이 기독교에 반응하며 공산주의 사상으로 공허했던 영적 공황상태를 채우기를 갈망했다. 그들에게는 도움이 필요했고, 빌과 간사들은 이런 기회를 놓치지 않기 위해 최선을 다해 소련 지역에 복음을 전했다.

또한 빌은 다른 기독교 단체들과 논의하여 함께 복음을 전하고자 했다. 다른 단체들 역시 이번 일이 복음을 전할 다시없을 기회라고 생각했다. 그래서 80여 개의 교회와 단체들이 CCC와 함께 소련에 예수님의 복음을 전하는 일에 힘을 모았다. 빌은 하나님이 그들을 돌보실 것을 알고 있었다. 언제나 그랬듯이.

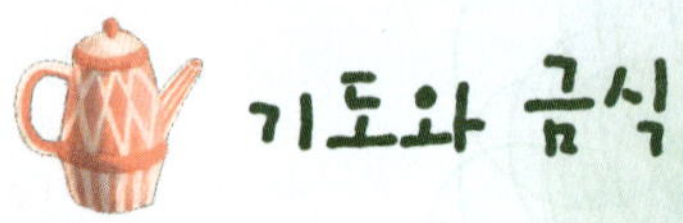

기도와 금식

침대 위에는 낡고 해진 성경이 펼쳐져 있었다. 빌이 지난 몇 개월 동안 계속 묵상해 온 본문이었다.

"내 이름으로 일컫는 내 백성이 그들의 악한 길에서 떠나 스스로 낮추고 기도하여 내 얼굴을 찾으면 내가 하늘에서 듣고 그들의 죄를 사하고 그들의 땅을 고칠지라" (역대하 7:14)

****

CCC는 최근 본부를 플로리다에 있는 올랜도로 이사했다. CCC는 기존의 애로헤드 스프링스에서 사역을 감당할 수 없을 정도로 너무 커졌기 때문이다. 그래서 2년을 투자하여 사역에 더 적합한 장소를 알아봤고, 드디어 올랜도로 정하게 됐다. 빌은 이곳이 '전도와 제자화를 위한 세계 센터'가 되기를 꿈꿨다.

사실 많은 사람들이 빌이 그곳에서 은퇴할 것이라 수군거렸다. 빌의 건강이 예전처럼 좋지 않아서 신체적인 고통을 겪고 있었기 때문이다. 하지만 이런 고통은 그로 하여금 세계 복음화에 더욱 집중하게 했다.

'세계는 지금 어려움에 처해 있고, 많은 자원이 필요해. 그런데 미국은 이미 많은 것을 받았어.'

빌은 현재 미국이 얼마나 죄에 붙잡혀 있는지를 생각하면 슬펐다. 하지만 하나님께는 불가능이 없다고 생각하며 마태복음 17장을 펼쳤다. 아픈 아들을 낫게 하고자 예수님을 찾아온 한 아버지에 대한 이야기가 나왔다.

"그때 제자들이 예수님께 조용히 와서 '왜 우리는 귀신을 쫓아낼 수 없었습니까?' 하고 물었다. 그래서 예수님은 그들에게 이렇게 말씀하셨다. '너희에게 믿음이 적기 때문이다. 내가 분명히 말한다. 만일 너희에게 겨자씨 한 알만한 믿음이 있다면 이 산을 향해 '여기서 저리로 옮겨 가거라.' 하여도 그대로 될 것이며 너희에게 못할 일이 하나도 없을 것이다. (그러나 이런 귀신은 기도와 금식이 아니면 나가지 않는다.)'"(마태복음 17:19-21: 현대인의성경)

마지막 부분이 특히 빌의 마음을 움직였다. 빌은 깊이 생각하며 천천히 침대에 앉았다. CCC에서는 기도를 매우 강조했고, 기도 시간은 하루 중 가장 중요한 부분이었다. 모든 간사는 함께 모여서 혹은 각자 사역을 위해 여러 시간을 기도해야 했다. 하지만 이 말씀이 말하는 것은 조금 달랐다. 빌은 다시 한 번 말씀을 봤다.

"기도와 금식이 아니면…."

빌은 며칠 정도 금식해 본 적은 있지만, 그 이상을 한 적은 없었다. 빌은 예수님의 40일 금식을 생각했다. 빌에게 지금처럼 절박한 순간은 없었다. 의사와 상의하고 금식에 대해 충분히 알아본 빌은 40일 금식을 결심했다. 7월 초에 금식을 시작해서 물과 과일주스만 먹기로 했다.

****

금식은 결코 쉽지 않았다. 빌은 여전히 1년에 300일 이상 세계 곳곳으로 여행해야 했기에 육체적으로 매우 힘들었다.

하지만 빌은 곧 금식이 하나님과의 관계를 혁신적으로 바꾸고 있음을 깨달았다. 그리고 먹지 않음으로 인해 하나님과 더 많은 시간을 보낼 수 있었다. 빌은 시간이 지날수록 하나님께서 위대한 영적 부흥을 주실 것을 느꼈고, 이는 기독교 역사에서 가장 큰 수확 중 하나가 될 것이라고 믿었다.

어느덧 금식 29일째가 됐다. 빌은 역대하 20장에서 30장 말씀을 읽고 있었다. 악하고 죄로 가득한 왕들이 유다를 다스렸고, 그 결과는 참혹했다. 유다 백성들은 더 이상 하나님을 인정하거나 예배하지 않게 됐다. 이들의 모습은 오늘날 미국과 몹시 닮아 있었다.

빌은 계속해서 읽어 내려갔다. 이스라엘

BIBLE

에 새로운 왕 히스기야가 왕위에 올랐다. 그는 왕이 되고 나서 가장 먼저 그의 아버지가 닫았던 성전 문을 다시 열었다. 성전을 깨끗이 청소했고, 모든 지역에 서신을 보내 그들로 하여금 다시 예배하러 오도록 했다. 빌은 이 본문을 미국에 어떻게 적용할 수 있을지 하나님께 여쭤 봤고, 곧 깨끗해져야 할 곳은 정치권이나 사회가 아니라 교회라는 것을 깨달았다.

****

그로부터 며칠 후, 서신을 쓰던 유다 왕의 모습을 머릿속에 그리며 빌 역시 편지를 쓰기 시작했다. 빌은 먼저 저명한 기독교 인사에게 편지를 써서 함께 미국 교회지도자들을 위한 금식기도회에 후원해 달라고 요청했다. 그는 이 행사가 CCC만의 행사가 아닌 기독교 지도자들을 위한 행사가 되기 원했다. 빌의 편지에 20명이 넘는 이들이 후원을 약속했다. 빌은 또한 영향력 있는 기독교인 수백 명에게 편지를 써서 3일간 금식기도에 참여해 주기를 요청했다.

행사 일정은 매우 단순했다. 그들은 금식하며 기도만 하기로 했다. 지금 위기에 처한 미국을 위해서였다. 이 땅에는 용서가 필요했다. 교회가 겸손하게 하나님께 구해야 할 때였다.

빌은 금식기도 집회에 모인 수백 명의 사람들을 위해 기도하기 시작했다. 행사장에는 무대도 없고, 잘 꾸며진 안내지도 없었다. 앞쪽에 마이크 하나가 설치됐을 뿐이었다.

빌은 사람들에게 종이와 펜을 나눠 주며 회개의 시간을 먼저 갖자고 했다. 생각나는 모든 죄를 쓰되, 각자 침묵 속에서 그리고 깊은 생각과 기도로 할 것을 권했다. 순간 고요해졌고 종이에 글 쓰는 소리만 들렸다. 꽤 오랜 시간이 흘렀고, 빌은 다시 일어서서 조용히 말했다.

"이제 종이 위에 크게 쓰십시오. 예수 그리스도의 보혈이 우리를 모든 죄에서 깨끗하게 하셨다고 말입니다."

빌은 성경을 손에 쥔 채로 이번에는 사람들에게 요한1서의 말씀을 찾도록 했다. 그리고 각자의 죄의 목록 아래에 이 약속의 말씀을 쓰도록 했다.

"만일 우리가 우리 죄를 자백하면 그는 미쁘시고 의로우사 우리 죄를 사하시며 우리를 모든 불의에서 깨끗하게 하실 것이요" (요한일서 1:9)

빌은 이어서 성령의 능력과 각 사람의 부흥을 구하는 기도를 하나님께 드리도록 인도했다. 그리고 앞에 있는 마이크를 가리키며 사람들에게 앞으로 나오라고 권했다.

"여기에 마이크가 있는 이유는 여러분이 이 자리에 함께한 형제자매들 앞에서 자신의 죄를 고백하기 위해서입니다. 그것은 첫사랑을 잃어버림이 될 수 있고, 자만일 수도 있습니다. 도덕적 불순이나 성적 타락일 수도 있습니다. 돈을 사랑하거나 남을 비난하는 태도일 수도 있습니다."

빌은 사랑스러운 눈빛으로 모인 사람들을 바라보며 말했다.

"우리는 모두 죄를 짓습니다. 우리는 자신의 죄를 알고 있습니다. 이제 그 죄를 고백하도록 격려하고 싶습니다. 이 자리에 함께한 미국 교회지도자 여러분에게 권합니다. 스스로 겸비하여 기도하십시오. 미국 교회를 이끄는 여러분이 먼저 죄에서 돌이켜 하나님의 얼굴을 구하기를 바랍니다. 그러면 하나님께서 우리 죄를 용서하시고 이 땅을 고치실 것입니다."

빌은 이제 상황이 어떻게 될지 알 수 없었고, 마이크를 두고 자리에 앉았다. 그런데 사람들이 천천히 한 명씩 마이크 앞으로 나가기 시작했다. 그리고 자신의 마음을 사로잡고 있던 죄악을 고백하기 시작했다.

어떤 사람은 교회 안에서 일어난 인종차별을 그냥 두고 봤음을 고백했다. 누군가는 돈을 사랑해서 하나님의 뜻을 따르지 못했음을 고백했고, 또 다른 누군가는 주님과 시간을 보내는 것보다 바쁘게 사는 것을 사랑했음을 고백했다. 그리고 많은 이들이 나라의 정치지도자를 위해 기도하지 않고 오히려 그들의 잘못을 비난하기 바빴다고 고백했다.

수백 명의 참가자는 3일 동안 서로에게 자신의 죄를 고백하며 함께 울었다. 그리고 소그룹으로 나눠 서로를 위해 기도했고, 성경에서 하나님이 죄에 대해 말씀하시는 내용과 예수 그리스도의 보혈을 통한 용서에 대해서 찾아 읽었다. 또 하나님을 찬양하며, 그들을 용서하고 고쳐 주시길 기도했다.

참가자들은 새로워진 믿음과 평안으로 위로받았고, 회복된 마음에는 새로운 깨달음이 생겨났다. 그동안 나라의 지도자들을 위해 기도하지 않았음을 안 것이다. 그들은 바로 미국의 죄를 회개하기를 호소하는 편지를 적었다. 그리고 이 편지들을 미국 대통령과 부통령, 국회의원, 대법원 판사와 합동참모본부에 발송했다.

****

그렇게 콘퍼런스를 마쳤지만, 빌은 이제 시작이었다. 빌과 간사들은 바로 이듬해에 있을 더 큰 규모의 금식기도 집회를 계획했다. 또한 2백만 명의 미국인이 부흥을 구하는 40일 금식기도에 함께하기를 기도했다. 그리고 그 후로 4년간, 위성 방송을 통해 전 세계적으로 2백만 명이 넘는 참가자들이 함께 금식하며 기도했다.

빌은 계속해서 미래를 바라봤다. 그에게는 할 일이 남아 있었다. 그는 금식과 기도로 자신의 남은 삶을 바치며 전 세계에 그리스도의 복음을 전할 계획을 세우고 있었다.

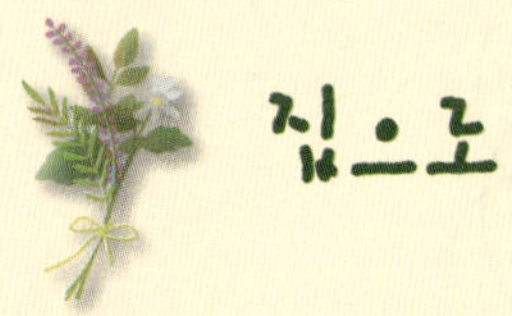

집으로

빌은 산소호흡기를 고쳐 썼다. 튜브는 빌의 입에서 양쪽 귀를 지나서 마치 안경처럼 걸쳐져 있었고, 빌의 휠체어 뒤에 놓인 산소통으로 연결돼 있었다. 하지만 빌의 마음이나 생각은 여전히 자유로웠다.

빌은 폐섬유증이라는 진단을 받았다. 폐가 천천히 탄력을 잃다가 결국에는 멈추는, 치료 방법조차 없는 질병이었다. 하지만 빌은 예수님이 당하신 고통에 비하면 아무것도 아니라고 생각했다. 빌은 오히려 자신의 병이 특권이라고 생각했다.

2001년에 빌이 CCC 회장직에서 내려왔을 때, 빌의 폐는 이미 60% 정도 손상돼 있었다. 하지만 빌은 오히려 예전보다

글도 더 많이 썼고, 새로운 일들도 진행하고 있었다. 하지만 한 가지 일이 더 남아 있었고, 그 일을 빨리 해야 한다는 생각이 있었다. 빌은 세상을 떠나면서 남겨질 이들에게 영원이라는 관점을 선물하고 싶었다. 그는 녹음기를 꺼내 들고 힘겹게 숨을 들이쉬고는 말하기 시작했다.

****

"사랑하는 가족과 친구들, 간사 그리고 복음의 동역자 여러분, 그리스도의 사랑으로 여러분을 안아 주길 원합니다. 여러분을 사랑하기에 몇 가지 나누고 싶은 것이 있습니다. 제 죽음 가운데도 성령님께서는 저를 사용하셔서 하나님께 영광을 돌리실 수 있습니다. 그렇기에 그분께서 원하시는 것을 나누지 않는다면 저는 죄를 짓는 것이나 다름없을 것입니다. 제게 이런 기회를 주셔서 정말 감사합니다."

빌은 녹음기를 잠시 끄고 눈물을 훔쳤다. 그동안 죽음에 대해 많이 생각했고, 천국에 대해서는 더 많이 생각했다. 그는 주님과 함께하길 소망했기에, 숨 쉬는 것조차 고통스러운 상황에서도 여전히 주님을 찬양한다고 고백했다. 이 땅에 더 있게 된다면 여전히 주님을 섬길 것이었고, 죽는다 해도 천국에서 주님과 함께할 것이었다. 어떤 경우든 참으로 아름다운 일이었고, 결국 빌은 승리할 것이었다.

하지만 보넷과 그의 두 아들, 친구들 그리고 간사들과 헤어진다고 생각하니 슬펐다. 빌은 다시 한 번 그리스도께서 자신을 위해 행하신 일들에 대해 생각했다. 그러자 빌의 마음에 기쁨과 함께 걱정스러운 생각이 들었다. 빌은 잠시 생각한 후 다시 녹음기를 켰다.

"저는 예수님을 만나고 그분을 제 마음속에 모셨을 때 바라던 것을 오늘날 경험하고 있습니다. 저는 말씀을 통해 제게 나타나신 그분과 깊은 사랑에 빠졌습니다. 그 후로 저의 가장 큰 기쁨은 그분의 임재 안에 거하는 것이었고, 보넷과 함께 그분을 섬기는 것이었습니다. 오늘 저는 하나님의 얼굴을 마주보고 있는 것처럼 그분을 경험하고 있으며, 이런 경험은 너무도 아름다워서 말로 다 표현할 수가 없습니다. '기록된 바 하나님이 자기를 사랑하는 자들을 위하여 예비하신 모든 것은 눈으로 보지 못하고 귀로 듣지 못하고 사람의 마음으로 생각하지도 못하였다 함과 같으니라' 고린도전서 2:9고 하신 것과 같습니다."

****

빌은 지난 10년간 하나님을 깊이 경험했던 일들을 떠올렸다. 생애 첫 금식이었던 40일 금식은 그의 영혼을 풍요롭게 만드는 경험이었다. 빌은 그 이후 무려 7번이나 더 금식했다. 그에게 40일 금식은 마지막 영광 속에서 주님을 만났을 때 경험하게 될 부흥의 맛보기일 뿐이었다.

"그렇기에 저는 예수님께서 제자들에게 '아버지께로 감을 기뻐하였으리라' 요한복음 14:28고 말씀하신 것처럼 여러분에게도 조언을 드리고 싶습니다. 제가 더 이상 이 세상의 육신을 입고 있지 않음을 기뻐해 주십시오. 저는 살아 계신 하나님 앞에 있으며, 제 존재의 가장 깊은 곳에서 만족을 느낍니다. 제게 맡기신 모든 것을 마쳤음을 함께 기뻐해 주십시오. 50년이 넘도록 저의 귀한 아내 보넷과 함께 섬긴 일은 정말 위대한 모험이었습니다. 우리는 하나님을 사랑하는 두 아들을 길렀고, 아들들과 믿음의 며느리들 그리고 4명의 손주는 저희에게 큰 기쁨이었습니다."

빌은 다시 한 번 녹음기를 껐다. 몹시 지친 그는 잠시 눈을 감고 쉬었다. 다시 눈을 뜬 빌의 시선은 최근에 찍은 가족사진을 향했다. 사진 속 빌의 옆에는 사랑하는 아내 보넷이 앉아 있었다. 그리고 CCC에서 사역 중인 두 아들이 있었다.

이번에는 빌의 시선이 지구본으로 옮겨갔다. 하나님께서는 지난 50년간 CCC를 통해 많은 일을 이루셨고, 오늘날 191개의 나라에서 사역하게 하셨다. 그 숫자는 당시 맥도널드가 진출한 나라보다 무려 70개나 많았다. 「예수」 영화 또한 734개의 언어로 번역되어 51억 명이 넘는 사람들이 봤다. 쉽게 기독교를 전파하지 못하는 못하는 나라에서도 상영되었다.

하지만 빌이 감동한 것은 이 엄청난 규모 때문이 아니라, 그의 삶 속에서 그를 변화시키시는 하나님의 사랑 때문이었다. 그 사랑 때문에 빌은 만나는 모든 사람에게 복음을 전했다.

빌은 앞으로 몸을 숙이고 다시 녹음할 준비를 했다. 이번에는 그리스도를 알지 못하는 이들을 위한 녹음이었다.

****

"하나님께서는 여러분을 위해 제 마음속에 말씀을 주셨습니다. 아직 믿지 않는 분들께 말하고 싶습니다. 첫째, 하나님께서 여러분에게 보여 주시는 위대한 사랑과 용서에 대해 심각하게 고민해 보십시오. 그리고 오늘이 지나기 전에 예수님을 여러분의 구주와 주님으로 영접하십시오. 하나님께서 여러분을 사랑하시는 것과 여러분의 삶을 향한 놀라운 계획이 있으시다는 것을 생각해 보십시오. 둘째, 그러나 우리는 죄인이고, 하나님으로부터 분리됐기 때문에 그분의 사랑과 계획을 경험할 수 없다는 사실을 진지하게 받아들이십시오. 셋째, 예수 그리스도야말로 인간의 죄를 위한 하나님의 유일한 방법이라는 사실을 알아야 합니다. 그분을 통해서 우리는 하나님의 사랑과 계획을 알고 경험할 수 있습니다. 마지막으로, 여러분은 개인적으로 예수님을 구주와 주님으로 영접해야 합니다. 그래야만 그분의 사랑과 계획을 알고 경험할 수 있습니다. 이 4가지 원리가 인류를 향한 하나님의 복음의 핵심입니다. 아직 예수님을 알지 못한다면, 이 문제를 반드시 생각해 보십시오."

빌은 이 단순한 원리대로 살아왔다. 그는 예수님을 위해 자신의 모든 삶을 드리는 예수님의 종으로 부름 받았다. 매 순간 자신의 죄를 고백했고, 성령으로 충만하기 위해 애썼다. 그리고 순종함으로 온 세계에 예수 그리스도의 복음을 전했다.

빌은 다시 녹음기를 틀었다.

“이미 예수 그리스도를 알고 계신 분들께 전합니다. 적당한 정도에서 만족하지 마십시오. 여러분은 온 우주를 다스리시는 하나님의 자녀입니다. 그분께 항복하십시오. 그분의 종이 되십시오. 지난 50년간의 경험을 바탕으로 확신하며 말씀드리지만, 그분을 따르는 것보다 더 큰 모험은 없습니다. 그분께서는 여러분을 돌보실 것입니다. 그분의 말씀을 믿으십시오. 저와 보넷이 1951년도에 예수님의 종이 되기로 계약서에 서명했을 때, 저희는 말씀에 대한 확신이 있었습니다. 그분은 하늘과 땅을 만드시고, 우리 죄를 위해 십자가에서 죽으셨으며, 우리보다 훨씬 더 현명하신 분이기에 그분의 길이 우리 길보다 낫다는 것을 완벽히 알고 있습니다. 그래서 저는 그분께 모든 것을 드렸습니다. 제가 여러분에게 분명하게 말씀드릴 수 있는 것은 그분께 완전히 항복하는 것보다 더 큰 기쁨은 없다는 것입니다.”

빌이 하나님 앞에 겸손해지기 위해 40일 금식을 시작했을 무렵, 그는 여러 상의 후보에 올라 있었다. 빌은 오클라호마

주 명예의 전당에 가입됐고, 『두려움 없이 전도하라』는 책으로 미국에서 가장 영향력 있는 상인 골드 메달리온 상을 받았다. 그리고 종교계의 노벨상인 템플턴 상을 수상하며 100만 달러를 상금으로 받았다. 이 상금은 전 세계의 금식기도를 후원하는 일에 모두 사용됐다. 그 이후 예수님께로 돌아온 이들에 대한 수많은 보고를 들었을 때, 빌은 상금보다 훨씬 더 큰 것을 얻었다고 생각했다.

빌은 목을 가다듬었다. 거의 끝나가고 있었다.

"마지막으로 여러분을 위해 기도하고 싶습니다. 예수님을 알고 있다면, 온전히 항복한 종으로서 예수님을 따르게 되기를 기도합니다. 그리고 아직 예수님을 모르고 조금 전에 말씀드린 4가지 원리를 고민 중이라면, 그리스도를 초청하여 그분과 새로운 관계를 시작할 수 있기를 기도합니다."

빌은 이어서 말했다.

"만약 누군가 주님을 만나거나 그분과 더 친밀하게 동행하기 위해 격려가 필요하다면, 저는 그 기회를 놓치고 싶지 않습니다. 저는 제가 믿어온 것을 실제로 경험하고 있습니다. 이전에 상상해 보지 못한 방법으로 하나님을 예배하며, 제 눈으로 구주를 보고, 제 귀로 그분의 목소리를 듣습니다. 오늘은 제게 참으로 좋은 날입니다. 여러분에게도 좋은 날이 되기를 기도합니다. 하나님께서 여러분 모두를 축복해 주시기를 기도합니다."

****

7월의 따뜻한 여름날이었다. 2003년 미국 간사 콘퍼런스를 위해 5천여 명이 넘는 CCC 간사들이 콜로라도 주립대학에 모였고, 모비 경기장은 가득 차 있었다.

빌은 2년 전 이 콘퍼런스에서 이미 작별인사를 했지만, 하나님의 은혜로 여전히 하나님을 섬기고 있었다.

하지만 그해 여름, 빌의 건강은 악화되고 있었고, 보넷은 간사들에게 마지막이 다가왔음을 알렸다. 빌은 약 기운에 잠이 들면서도 계속 성경을 읽어 달라고 했고, 가장 고통스러운 순간에도 자신이 경건할 수 있도록 계속해서 기도했다.

집회가 마무리될 즈음에 누군가 스티브의 어깨를 두드렸다. 그리고 그에게 무언가를 속삭이자 스티브가 고개를 끄덕였다. 스티브는 일어나서 마이크 앞으로 다가갔다.

몇 시간 전, 스티브는 공책을 꺼내 빌의 죽음을 대비해서 쓸 말을 적고 있었다. 사실 얼마 전까지만 해도 CCC 지도부는 빌의 치유를 위해 기도하고 있었다. 하지만 이제 빌을 보내야 한다는 것을 느끼고 있었다. 많은 눈물이 쏟아졌다. 그는 하나님께서 빌을 천국으로 데려가시기를 간절히 기도하기 시작했다. 그리고 무대에 서서 경기장을 둘러봤다. 모두가 그의 가족이었다.

스티브가 노트를 바라본 후, 고개를 들고 말했다.

"오늘 저녁 7시 25분, 빌은 하늘에서 첫 숨을 쉬었습니다."

그의 마음 깊은 곳에서 우러나온 말이었다. 그는 눈물을 글썽였다. 경기장 곳곳에서 흐느끼는 소리가 들려왔다. 간사들은 함께 기도하고, 함께 울었다. 그리고 서로 위로하며 빌을 육신의 고통으로부터 건져 내신 하나님을 찬양했다. 빌은 이제 천국에서 그가 상상했던 것보다 훨씬 더 풍성하고 깊은 예배를 드리고 있을 것이었다.

하나님의 완벽하신 때에 모두 감사했다. 빌은 CCC 콘퍼런스를 사랑했고, 이 시간이 가장 좋다고 종종 말했다. 그렇기에 미국 전역에서 온 간사들이 모인 이 시간에 빌이 주님의 품으로 돌아간 것은 자연스러운 일이었다.

****

7월 30일, 플로리다 올랜도에서 빌 브라이트를 위한 추모 예배가 있었다. 빌은 만약 자신이 그리스도가 재림하시기 전에 죽게 된다면, 표시가 되지 않은 무덤에 묻어 달라고 했다. 그리고 묘비에는 '예수님의 종'이라는 문구를 적기로 했다. 빌은 그의 묘지를 방문하는 모든 사람에게 예수님의 종이 되도록 도전하고 싶었다.

더 생각해 보기

① 오클라호마 성장기

빌의 가족은 그에게 평생에 남을 인상을 남겼어요. 여러분의 가족은 여러분에게 어떤 영향을 주나요? 여러분은 다른 가족들에게 어떤 영향을 주고 있나요?

② 목소리를 찾다

빌은 자신이 좋아하고 잘하는 일들을 많이 찾았어요. 여러분은 무엇을 좋아하나요? 그리고 무엇을 잘하나요? 우리는 하나님께서 우리에게 주신 것들로 무엇을 해야 하나요?

③ 서부로!

빌은 목표로 했던 군대에 갈 수 없게 됐을 때 낙담했어요. 여러분은 계획대로 되지 않을 때 어떻게 반응하나요? 로마서 8:28을 읽어 보세요. 하나님께서는 어떻게 하시나요?

④ 미어즈 선생님을 만나다

빌은 성경을 통해 예수님을 만났어요. 예수님께서 여러분 안에 살고 계신가요? 만약 예수님께서 여러분 안에 계시지 않는다면, 이렇게 써 보세요. "주님은 누구십니까? 제 삶에서 무엇을 원하십니까?" 그다음에는 조용한 곳으로 가서 무릎을 꿇고 기도해 보세요.

⑤ 소모품이 되다

빌은 기독교인이 되는 것이 하나님을 섬기고 하나님께 죄를 고백하는 것이라고 배웠어요. 골로새서 1:9-10을 읽어 보세요. 어떻게 하면 하나님을 기쁘시게 해드릴 수 있나요?

⑥ 보넷 재커리

빌은 기도하며 보넷과 결혼해야겠다고 생각했어요. 하지만 보넷이 예수님을 알지 못한다는 사실을 알게 되고 다시 고민에 빠졌어요. 시편 37:4을 읽어 보세요. 하나님께서는 우리가 우리의 소원으로 어떻게 하길 원하시나요?

⑦ 하나님과의 계약서

빌은 순종에 대해 배우고 있었어요. 빌립보서 2:7-9을 읽어 보세요. 여러분이 계약서를 쓴다면 무엇을 쓸까요?

⑧ 두 발로 뛰어들다

빌은 하나님께서 자신을 사용해 주시기를 구하며 기도했어요. 하나님께서는 그들의 소원과 능력을 사용해 사역으로 인도하셨어요. 출애굽기 35:30-35을 읽어 보세요. 여러분에게는 어떤 능력이 있나요? 하나님께 여러분의 능력을 사용하실 것인지 물어본 적이 있나요?

⑨ 단순하게 만들기

빌은 사람들이 공감할 수 있는 것들을 사용해서 예수님을 전했어요. 여러분은 예수님과 십자가에 대해 사람들에게 무엇을 어떻게 전할 수 있나요?

⑩ 하나님께서 필요를 채우시다

하나님께서는 우리의 필요를 채워 주세요. 마태복음 6:25-34을 읽어 보세요. 여러분의 믿음이 자라게 해 주실 하나님에 대해서 무엇을 알고 있나요?

⑪ 큰 하나님, 큰 믿음

빌은 하나님이 어떤 분이신지 이해하는 것이 매우 중요하다고 배웠어요. 어떻게 하면 하나님의 나라에 참여할 수 있을까요? 하나님과 시간을 보내세요.

⑫ 모두를 위한 복음

CCC는 고등학교와 도심, 운동선수들과 무용수에게 퍼져 나갔어요. 여러분은 복음이 모두를 위한 것이라고 믿나요?

⑬ 전 세계로!

1947년에 빌은 소련 지도 위에 이름을 적었어요. 그리고 소련 사람들이 예수님에 대해 알 수 있게 해 달라고 기도했어요. 지도를 꺼내 보세요. 그리고 기도하고 싶은 나라 위에 이름을 적어 보세요. 여러분에게 그 나라에 예수 그리스도의 복음을 전할 기회를 달라고 하나님께 기도하세요.

⑭ 기도와 금식

하나님은 전능하시고 우리를 돌보시는 분이에요. 여러분의 가장 큰 꿈들을 하나님께 이야기해 보세요. 아무리 터무니없어 보이는 꿈이라도 말이에요. 하나님께서 하실 일들로 인해 깜짝 놀라게 될지도 몰라요!

⑮ 집으로

여러분이 예수님을 위해 노력하고 있는 것은 무엇인가요? 여러분의 묘비에 쓸 내용을 적어야 한다면 무엇을 적을 수 있을지 생각해 보세요.

1. 권위 있고 영향력 있는 사람들을 위해 기도해요.

그들을 주신 것과 모범이 되는 사람을 주신 것에 감사해요.

2. 가족과 친구들을 위해 기도해요.

모두가 하나님을 사랑하게 해 달라고 기도해요.

3. 고통받는 사람들을 위해 기도해요.

노숙자나 직업이 없는 사람들, 가족을 잃은 사람들과 아픈 사람들의 가족을 위해 기도해요.

4. 박해받는 교회를 위해 기도해요.

자유롭게 예수님을 예배하지 못하는 사람들을 위해 기도해요.

5. CCC와 간사들을 위해 기도해요.

내가 알고 있는 다양한 기독교 단체들과 사람들을 도와주고 하나님의 말씀을 전하는 단체들을 주심에 감사해요.

6. 자신을 위해 기도해요.

하나님께서 영적 훈련을 시켜 주시고, 하나님을 사랑하고 예배하고자 하는 소망을 주시도록 기도해요.

7. 교회와 그리스도를 전하는 것을 위해 기도해요.

전 세계 사람들이 예수님의 복음을 들을 수 있도록 기도해요.

빌 브라이트 연대표

1921	10월 19일 출생함
1935	미식축구 경기 중 고막이 터짐
1939	제2차 세계대전이 시작됨
	코웨타고등학교를 졸업함
	노스이스턴주립대학에 입학함
1941	일본이 진주만을 공습함
1945	제2차 세계대전이 종결됨
	빌 브라이트가 기독교인이 됨
1948	보넷 재커리와 결혼함
1951	UCLA에서 CCC를 창설함
1956	4영리를 만듦
1962	CCC 본부를 애로헤드 스프링스로 옮김
1974	서울에서 '엑스플로74' 집회를 개최함
1979	「예수」 영화가 완성됨
1996	템플턴 상을 수상함
2003	7월 19일 사망함

프리셉트 어린이 신앙전기 도서

프리셉트 어린이 신앙전기 ⑧

열정의 복음 전도자 디엘 무디

하나님은 열정으로 가득한 무디를 통해 사람들에게 말씀을 전하셨으며, 오랫동안 방황하던 영혼들을 새롭게 변화시키셨다. 값 10,000원

프리셉트 어린이 신앙전기 ⑨

버마를 구한 하나님의 사람 아도니람 저드슨

최초의 미국인 선교사 아도니람 저드슨. 하나님은 그의 재능을 사용하셔서 많은 버마인을 주님의 품으로 인도하셨다. 값 8,000원

프리셉트 어린이 신앙전기 ⑩

어둠을 밝힌 위대한 종교 개혁가 존 칼빈

종교 개혁의 기틀을 마련한 신학자 존 칼빈. 그는 세상을 향해 빛을 비추는 진정한 믿음의 삶이란 무엇인지 알게 해준다. 값 10,000원

프리셉트 어린이 신앙전기 ⑪

천로역정을 저술한 믿음의 순례자 존 번연

회심 후 강한 믿음을 가진 존 번연은 평생 설교에 매진했으며, 그가 집필한 『천로역정』은 지금까지 사랑을 받고 있다. 값 9,800원

프리셉트 어린이 신앙전기 ⑫

나치에 저항한 행동하는 양심 디트리히 본회퍼

주님은 본회퍼에게 믿음을 위해 저항할 용기를 주셨다. 그는 하나님께서 주시는 힘으로 나치 정권에 끝까지 맞섰다. 값 9,000원

프리셉트 어린이 신앙전기 ⑬

부흥의 불꽃을 일으킨 천재 신학자 조나단 에드워즈

조나단은 모든 순간 하나님의 영광을 선포하고자 했다. 그는 결국 주님의 도우심으로 실천하는 신앙인이 될 수 있었다. 값 9,800원

프리셉트 어린이 신앙전기 ⑭

위대한 복음의 밀수꾼 브라더 앤드류

철의 장막을 뚫고 성경책을 몰래 배달한다는 것은 쉽지 않았다. 그러나 복음을 전하기 위해서는 포기할 수 없는 일이었다. 값 9,800원

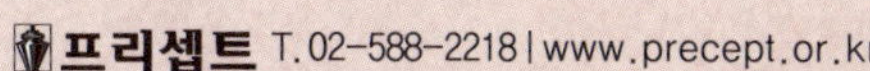

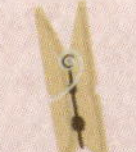

꿈과 열정의 전도자

빌 브라이트

지은이 | 킴 트위첼
옮긴이 | 장혜민
그린이 | 전정화

초판 1쇄 | 2015년 9월 30일
초판 3쇄 | 2024년 6월 11일

발행인 | 김경섭
국제총무 | 최복순
총무이사 | 김현욱
협동총무 | 김상현
편집부 | 고유영(편집실장), 김성경, 박은실
인쇄 | 영진문원

발행처 | 묵상하는사람들
등록번호 | 20-333
일부총판 | 생명의말씀사 Tel. (02) 3159-7979 Fax. 080-022-8585

주소 | 서울특별시 서초구 청룡마을길 8-1(신원동) (우) 06802
전화 | (02) 588-2218 팩스 | (02) 588-2268
홈페이지 | www.precept.or.kr
국민은행 431401-04-058116(프리셉트선교회)

값 10,000원
ISBN 978-89-8475-661-8 74230
978-89-8475-645-8 74230(세트)

독자 여러분의 의견을 기다립니다.
(02) 588-2218 / pmbook77@naver.com